动一动就好

Just Move

智能时代必备的超简单健身法

[挪] 斯坦·莫滕·利尔◎著
赵 蓓◎译

古吴轩出版社
中国·苏州

图书在版编目（CIP）数据

动一动就好：智能时代必备的超简单健身法 /（挪）斯坦·莫滕·利尔著；赵蓓译. —苏州：古吴轩出版社，2018.12

ISBN 978-7-5546-1276-7

Ⅰ. ①动… Ⅱ. ①斯… ②赵… Ⅲ. ①健身运动
Ⅳ. ①G883

中国版本图书馆CIP数据核字（2018）第246068号

责任编辑： 蒋丽华
见习编辑： 顾　熙
策　　划： 姜舒文　张意妮
封面设计： 胡椒书衣

书　　名： **动一动就好：智能时代必备的超简单健身法**
著　　者： [挪]斯坦·莫滕·利尔
译　　者： 赵　蓓
出版发行： 古吴轩出版社
地址：苏州市十梓街458号　　邮编：215006
Http: //www.guwuxuancbs.com　　E-mail：gwxcbs@126.com
电话：0512-65233679　　传真：0512-65220750
出 版 人： 钱经纬
经　　销： 新华书店
印　　刷： 三河市春园印刷有限公司
开　　本： 710 × 1000　1/16
印　　张： 15
版　　次： 2018年12月第1版　第1次印刷
书　　号： ISBN 978-7-5546-1276-7
定　　价： 58.00元

自序 Preface

我为什么要写这本书

我一直觉得很奇怪，为什么有人要写书？这世界上简直没有比写书更出力不讨好的工作了——除了花费大量的时间和精力外，它的最终结果很可能是都没有人愿意去读一读！难道我真的要花几年时间来做一件这么容易被人遗忘的事吗？这真是一个风险巨大的投资！到底是为什么呢？因为我太自负，觉得我在这世界如此独特，而必须发出自己的声音吗？或者是因为这本书的主题对我来说实在太重要，而逼得我不得不表达出我的想法吗？好吧，虽然我有些自负，但答案确实是后者。每每想到某个人很可能因为这本书而改变了他的生活，哪怕只有一个人，我就觉得我的工作值了，完全不会是白做！

嗨，动起来吧！虽然这句话不是书名，但我认为它比书名更适合我要讲的主题。它是整本书的精华和重点！生命是活的，只有死亡才是静止的。当你动起来的时候，你会感受到活力，会感觉到生命，甚至连你焦头烂额的生活都重新平衡起来。如果你把生命中绝大部分的时间都花在椅子上，相信我，你迟早会为此付出一些代价。我有点喜欢美国人总是唠唠叨叨地说“想想你的损失”，因为它直截了当地说到了重点：你的疏于运动，迟早带来损失。等它伤害到你时，你肯定会为过去的懒惰而后悔不已。

所以我写这本书，因为我相信很多人都需要提前想想，什么是我们生活中最重要的。就算你是世界首富，如果你身体不好，有再多钱也没有意义。健康就是一切，而且胜过一切！

这本书讲什么

相信你对现在的生活方式深有体会：太多的压力、太多的快餐和太少的体育活动——实际上它已经被医学证明是对生命的威胁。“糟糕的体型已经与高血压、糖尿病和吸烟并驾齐驱而被视为健康杀手——甚至可能更糟——它应该受到广泛重视，被列为需要处方治疗的疾病之一，而处方就是锻炼。”这话并不是我说的，是美国俄亥俄州克利夫兰医学中心的心脏病专家从1991年开始，持续25年跟踪研究了12200人之后，所得出的权威结论。

所以，这本书就是希望可以为你过上健康的生活提供一些必需的工具，它可不是嘴上说说的理论派，它会提供你每天都需要用的实战技巧和方法。

你能从这本书中学到什么

当然可以学到很多啊，简单地说，它是一套非常有价值的课程，这个课程能让一些可怕的疾病离你远点儿，还能让你的生活更充实，顺便还能让你更好地理解你的身体和大脑到底是怎么工作的，它到底需要些什么，你怎么能知道自己满足了它。听起来怎么样？是不是好得有点儿让人难以置信？我可不是吹牛，如果你把这本书当作一个有价值的工具，它真的会改变你的生活方式，甚至有可能无意之中就救了你的命。把它当作好朋友吧——一个使尽浑身解数想要为你好的好朋友，你肯定不会后悔的。

我的旅程

很多年以来，我一直作为私人教练在帮助人们进行训练，也曾面对各种客户与难缠的挑战，很庆幸我碰到了对的伙伴，可以有机会写下这本书。老实讲，这过程可真是“酸爽”：一方面我真的从其中学到很多，让我对自己的工作更有信心，让我每天都感恩我有能力去改变某个人的生活，但同时，我不会对你撒谎说这是多么美妙的过程。

写书需要时间和奉献，需要不止一次地振作起来，强迫自己继续走下去。就好像多年来一直过着懒懒散散生活的人，突然要开始锻炼一样，你需要对自己狠一点儿，再狠一点儿，没有借口，只有努力去做。

那最难的部分

写这本书之前，我已经出版了12本小说。可是写这本书还真不轻松，它可不是那种从帽子里拿出一样东西让它飞，它就能飞起来的魔幻小说，恰恰相反，它完全建立在科学的基础之上，所有的论据必须正确而又精准，所有的例子都是真实的案例。所幸的是，我与业内最优秀的人一起工作，是他们让这本书的出版成为可能。虽然封面上只有我的名字，但这本书却是许多人共同努力的结果。在这里因为篇幅所限，我不再一一列举，请大家移目书尾，可以看到他们都是最棒的专业人士。再次感谢他们对此书的付出与努力！

想写这本书已经很多年了，我花了很长很长的时间才让它成为现实。原因之一是一直以来它就像不可完成的任务，我都不知道该从哪里为它揭开盖子。好在这想法一直顽强地留在我的脑海里，直到万事俱备。很高兴这本书能出版，不只是为我自己，也为所有为本书付出努力的人，更是为你，因为这本书很可能就是你最好的投资。

我们凭什么告诉你该如何生活

其实我们还真不能告诉你该如何生活，只能试着给你一些工具和方法——在改变那些你不喜欢的生活方式时绝对能用得着的方法，来鼓励和激励你，去发现生活中最重要的东西。人们常说，健康是0前面的1，如果没有了1，所有的0加起来还是0，奋斗终生也是一无所有。所以最关键的前提是你要拥有健康的身体，才能享受生活，并且为他人带来快乐。

怎样来看这本书

我建议还是先从头到尾读一遍，再开始那最累的部分吧。当你再读一遍的时候，那个部分就会变成你通往美好生活的一把钥匙。努力学习我们所建议的练习，让它完全融入你的生活。如果你把这本书当作你最好的朋友，一个你珍爱的人，你一定会愿意向他寻求好建议，不是吗？我相信你一定会受益良多。

祝阅读愉快，万事如意！

斯坦•莫滕•利尔

目录 Contents

序章

智能化时代，你的健康如何安放

PART 1

缺乏运动的时代，你不是个例

PART 2

能量，多少才算够

PART 3

健康的身体，就是要够灵活

PART 4
身体里看不见的敌人——压力

PART 5
疼痛的真相

PART 6
没有最好的姿势

PART 7
孩子们怎么办

PART 8
你必须知道的事实

序章

智能化时代，你的健康如何安放

01

今天的孩子身体正不断变得柔弱

随着电脑取代户外活动，孩子们变得越来越柔弱。不知你是否如我一样对此非常忧虑。其实这并非新鲜话题，千百年来曾无数次被提起。

公元前400年，苏格拉底曾经说过："现在的年轻人崇尚奢靡之风，不服从权威，不尊重老人，应该努力工作的时候却夸夸其谈，违抗父母、蔑视师长。"

现在的孩子们虽然可能不像当时那样蔑视师长、违抗父母，但不可否认的是，他们的确酷爱奢侈品，并且将本应用于户外活动的时间消耗在智能手机和平板电脑上。这并不意味着他们变懒了，而是比以前的几代人更乐于接受现代科技，并将其完全融入了他们的生活。他们更加倾向于在网络世界而非现实世界中生活。

当我还是个孩子的时候，智能手机还没出现，连移动电话都没有。家里虽然有固定电话，但我们很少使用。因为我们更习惯于跟朋友们面对面交谈。我们跑到朋友家门口去敲门，问他们是否愿意出去玩。这就是我们的交往方式。我们可以从中学会与人交往的技能，开发想象力。在这个过程中，个性得到了发展。我们扮演牛仔或者印第安人，玩捉迷藏，爬树或者骑自行车，直到父母叫我们回家。没有人成天逼着我们出去活动。正好相反，我们总是被警告要早点回家。现在的孩子究竟是怎么了？

嗯，其实是互联网改变了这一切。万维网劫持了我们的孩子，将他们变成了“洞穴人”。2007年，苹果公司推出的第一款智能手机将他们变成了“隐士”。今天你很少看到孩子们在街上玩耍。他们正忙着在虚拟世界中探索，或者在网上晒自己的自拍照。如果你观察今天的年轻人如何不断地自拍并与小伙伴们分享以得到他们的“点赞”，你就会明白体育运动为什么会被取代了。如果待在家里就可以拍出“完美”的自拍照，得到更多的“点赞”，那么他们为什么还要花时间让自己汗流浃背地锻炼，或者跑去外面活动把自己弄得灰尘扑扑呢？

在过去的十年中，人们的生活方式悄无声息地发生了改变。Facebook、Instagram、Snapchat、QQ、微信等众多社交网络构成了当今世界。它们或多或少地占据了我们的生活，尤其是孩子们的生活。

年轻人与小伙伴们在彼此的“洞穴”中就可以相互交流，不再需要运动技能。你躺在床上就可以发短信、聊天、发帖子或者对别人的帖子点赞。苹果公司开发的FaceTime让你与朋友不需要真正地见面，就能一起共度时光。即使年轻人在咖啡馆里聚会，他们也是各自埋头玩手机，全程没有任何语言交流，而是彼此发着短信。在他们看来，智能手机显然比人有趣得多。

我记得不久前，也许是去年夏天，一天中午我去一家咖啡馆写作。我经常如此。我喜欢这种工作方式，周围的人不会打搅到我。当时学校显然已经放学了。一群十一二岁的孩子拥了进来。他们点了咖啡和饮料，看起来就像一群四十多岁的成年人。然后所有人都在埋头玩手机。

“这是不对的。”我心里想。这个年纪的孩子应该去踢足球、骑自行车、爬树。他们大部分时间都在教室里坐着，为什么不觉得需要消耗精力和锻炼身体呢？这让我感到非常难过。

或许是我老了，还坚守着自己年轻时的观念？我不知道，但在咖啡馆里看到孩子们喝着咖啡而不去玩耍让我很生气。自在地玩耍对孩子们的健康和成长至关重要。如果它们被剥夺，谁也无法预料会导致什么样的后果。但我敢肯定，这会让他们失去一些珍贵的东西。这些孩子将在以后的生活中受苦。关于这一点，本书后面将跟大家详谈。

几年前，我曾做过免费的儿童柔道教练。有一天晚上发生的事情让我记忆犹新。这是一个新班级，孩子们六七岁。课上到一半，有个孩子走到我面前向我请假回家，说他发烧了。其实他根本没病，他只是大汗淋漓，感觉很热。很显然，他之前从未进行过足够的体育运动，直到此时他才第一次感到全身发热，因此误以为自己生病了。这是一个七岁的孩子！这个世界究竟是怎么了？

你不需要成为一名专业的运动人士。但我们的身体得不到锻炼就会变得越来越弱，这就是发生在我们的孩子身上的情况。他们很可能是有史以来最柔弱的一代。

02

过量的食物和缺乏锻炼正在谋杀你

在“过去的美好时光”里，人们无论何时都在为了生计而拼命工作。“休闲时光”只是少数人尤其是富人才有的概念。没人有空闲时间感到空虚无聊。他们从清晨到傍晚都在从事体力劳动，根本不存在缺乏锻炼所造成的肌肉和骨骼问题，也不存在肥胖问题。恰恰相反，人们总是在为了获得足够的食物而打拼。你如果回过去看几十年前的镜头，很少会发现肥胖的人。但如今，胖子随处可见。这从另一方面反映出了问题。

根据挪威卫生部门的报告，儿童肥胖现象相当普遍。这也是发达国家最大的问题之一。在美国，每三个孩子中就有一个超重，16%的孩子极为肥胖，而且人数仍呈上升趋势。在挪威，从1975年至今，9岁孩子的平均体重增加了3千克，9岁的女孩中，14%超重、4.7%为肥胖儿，男孩中有12.8%超重、2.8%为肥胖儿，而且这些数字还在不断上升。不仅欧洲和美国如此，中国也一样。

全世界患有糖尿病的人数明显增加。如果将现在成年人中被诊断为糖尿病患者的人数与1980年的患者人数相比，你会看到这个数字几乎翻了一番：

1980年的患者比例是4.7%，2014年是8.5%。超重和患肥胖症的患者人数也是一样的情况。

从1980年到2008年短短28年间，全球25岁及以上的高血压患者人数从1980年的600万增加到了2008年的10亿。高血压容易引起心脏及血管疾病。心血管疾病的患病原因通常都能追溯到高血压、超重、吸烟、缺乏运动和不良的饮食习惯。世界卫生组织预测：到2030年，心脏病患者还将增加8%。2008年，17%的人死于严重的心脏病。到2030年，这个数字将是24%。也就是说四个人当中就将会有一个死于这种疾病。我的朋友，这听上去真是糟透了！我们再来看一下癌症的情况：2008年有8%的人死于癌症。到2030年，预计这个数字仅仅增长到10%。

世界卫生组织宣布：超重（BMI25—29.9之间）和肥胖（BMI30+）是“全球最大的潜在公共健康问题”。在欧洲，有将近三十万人死于与超重和肥胖有关的疾病。暴饮暴食和缺乏运动的问题日益严重。各个年龄段都有越来越多的人体重在日益增加。中国的情况同样如此。它们对人类健康造成了严重威胁。

BMI标准及相关疾病发病风险

	WHO 标准	亚洲标准	中国标准	相关疾病发病风险
偏瘦	≤ 18.5			低
正常	18.5~24.9	18.5~22.9	18.5~23.9	平均水平
超重	≥ 25	≥ 23	≥ 24	增加
偏胖	25.0~29.9	23.0~24.9	24.0~27.9	增加
Ⅰ度肥胖	30.0~34.9	25.0~29.9	≥ 28	中度增加
Ⅱ度肥胖	35.0~39.9	≥ 30.0	–	严重增加
Ⅲ度肥胖	≥ 40.0			非常严重增加

缺乏运动和食物过剩是对人类健康的最大威胁，当今的人们比以往任何时候都有可能患上II型糖尿病、高血压、心血管疾病、脂肪肝、胆结石和癌症。营养不良和懒惰的生活方式是患这些疾病的最主要的原因。

世界各地（尤其是西方国家）仅仅在一代人中就已经发生了天翻地覆的变化，而东方国家（尤其是中国）也即将发生同样的问题。经济的增长和财富的积累有利也有弊。弊端就体现在易产生肥胖人群和久坐不动的生活方式。这二者之间无疑存在着显著的关联性。

越来越多的人不再需要为了糊口而拼命工作。相反地，他们想方设法让自己少吃一点，与过剩的营养做斗争。随着经济发展的不断加速，人们获得了爆炸式的财富积累，可以用来精心准备食物和锻炼的时间却越来越少。相反，人们平日里很少活动，更多的人正享受着方便食品带来的快捷。这一切都令我们的身体健康不断恶化。

03

失去健康，就失去了一切

我知道你忙于工作、身心疲惫，你还有孩子，很难管教。你有许多事情要做，没有足够的时间，而且运动也不是你现在的首要任务。这些都是合理的借口，对吗？不，你错了。

你应当将体育锻炼放在首位，这关乎你自己的生命。那些借口和懒惰的生活方式绝对是一条通往地狱的路。

如果你失去了健康，就算拥有世界上所有的财富也没用。失去了健康，你就失去了一切。为了帮助你开始行动，我将以下内容放在本书序章之中，因为我们知道你很忙，没时间，精力有限。至少请你认真阅读下面几段文字。

好的，让我们开始吧：

锻炼能够改善情绪

运动可以刺激内啡肽的分泌。内啡肽是大脑分泌的一种化学物质，能够让人感到快乐和放松。

体育锻炼可以降低许多疾病的患病率

据可靠证据显示，有规律的体育锻炼对于多种慢性疾病的一级和二级预防有着显著效果（如心血管疾病、糖尿病、癌症、高血压、肥胖、抑郁和骨质疏松症等），同时还能延年益寿。

锻炼可以控制体重

正确的饮食和有规律的锻炼可以帮助你维持健康体重。

运动保持关节和骨骼健康

适量运动可以让你在年老时还能维持健康的骨量。力量训练是治疗骨质疏松的有效方法之一。因为骨骼是多孔而脆弱的，随着年龄的增长，尤其是在缺乏适当锻炼的情况下，骨质很容易变得疏松而脆弱。

锻炼能够提升体力

有规律的体育运动可以增加肌肉强度、提高耐力。适当运动可以为身体各个组织器官提供充足的氧气和营养物质，帮助你的心血管系统更有效地工作。心肺功能提高了，你将有更多的精力处理各种日常事务。

锻炼有助于大脑、心脏和肺部健康

运动可以使呼吸顺畅，降低心率和血压，改善身体其他器官的功能。大脑机能也能得到提高。运动能够帮助氧气流向大脑，还有助于人体释放激素，帮助脑细胞生长。此外，它还有助于提高大脑的学习能力和记忆力。当你开始锻炼时，你立刻就会感觉更好，因为你所有的身体机能都得到了提升。爬楼梯不会气喘了，心率和血压下降了，这些都大大降低了患多种疾病的风险，让你体力充沛。你的大脑得到了充足的氧气，能够帮助你完成日常的工作。

体育锻炼可以提升你的生活质量

许人努力追求幸福和积极的生活方式。运动可以帮助你实现这一目标。那么，你还在等什么呢？

现在，我肯定你一定认为锻炼身体很好——大多数人都知道这一点。他们可能并不知道上面所列举的这一切，但他们内心深处知道锻炼的重要性，因为这是与生俱来的观念。

生命在于运动，而非静止。幸福的关键当然在于体育运动，这是为数不多的能带来持久能量和幸福的事情之一。买一辆车或者新的牛仔裤，可能会让你在短时间内感觉良好，但很快就会过去。因为一辆汽车或一条牛仔裤不可能帮助你面对生活中的各种挑战，让你的体格和心智同时得到锻炼。而体育锻炼会让你对自己充满自信，使你的身体和心灵都变得更加强壮。

04

科技进步是人类健康的最大威胁吗

大约一万两千年前，农业革命在美索不达米亚平原展开。两百多年前，工业革命和人文主义思想的发展为我们今天的财富奠定了基础。新思想和新技术使人类文明得到了前所未有的飞速发展。但文明进步是有代价的，现在该是我们开始计划的时候了。

孩子是人类的未来，我们必须为他们将来的健康着想。同样地，如果想有机会看着儿女们茁壮成长，我们就必须让自己拥有健康的体魄以安享天伦之乐。

但可悲的事实是，现如今计算机和人工智能越来越聪明，越来越强大。人类似乎显得越来越愚钝。虽然我们竭尽所能地想要战胜疾病，让生活更加美好，但可悲的事实是，如果我们按照如今的趋势发展下去，人类有可能走向灭亡。这或许正是一种自然选择。懒惰者将被淘汰，只有坚持体育锻炼的人才能成为幸存者。

我在一次去北京的旅行中认识了一位周先生。不幸的是，他就是现代都市人类的一个典型代表。他是一名25岁的上班族，家住北京郊区。他的一天通常是这样度过的：

清晨，周先生在他的智能手表的振动中醒来。这块表跟踪记录他每天的睡眠情况，同时还是一个记录他日常走路步数的计步器。由于昨晚睡得不好，此刻他感到非常疲倦。他的睡眠跟踪器可靠地记录了这个情况。他昨晚本打算早点睡觉，结果却在床上看电视看到了深夜。他从床上起来，一边慢腾腾地走到浴室一边查看电子邮件，因为老板凌晨4:30发来一封邮件。他很生气，给部门同事发了一条短信："你知道老板今天早上几点发了邮件吗？真过分。"

现在是早饭时间。周先生吃着一碗米粉，喝了一口能量饮料，将食物咽了下去。他浏览了一下夜间错过的网络社交圈。

上午8:30，周先生到达办公室。他查看了一下智能手表记录的数据，将今天的步数与平均值做了一下对比。他每天上班路上平均走3000步，而今天比平均值多出了150步。这很不错。他拿出笔记本电脑，开始工作。

中午，他起身乘电梯去自助餐厅吃午饭。然后，他又回到椅子上盯着屏幕看了四个小时。

下班之后，他先搭乘地铁，然后用便携式电动平衡车回到郊区。他在手机的App上点了一个外卖晚餐，收起平衡车回到自己的公寓。吃完外卖晚餐，周先生开始躺在沙发上看电影，同时在智能手机上享受着网络社交。晚上11:30，他握着手机睡着了。半夜他被手机吵醒，手机上发出报警铃声和灯光显示手机电量不足。

周先生的一天就是当今人们日常生活的缩影。他在日常生活中使用着各种现代工具和技术，有一份发达社会里寻常的工作。他的工作和生活高度依赖于电脑和现代运输工具。问题是周先生以及其他人，并不是为这样的生活而生的。

人体需要大量的体力活动才能正常运转。长期而言，懒散的生活方式会导致疾病，最终将导致人类的灭亡。

本书可以帮助你成为拥有不同生活方式的人，找到一条远离死亡的道路。因此，请继续读下去，按照里面所讲的内容去做。我亲爱的朋友们，你将立刻有所收获。

PART 1

缺乏运动的时代，你不是个例

01

电视和智能手机带来的后果：脖子痛和智商下降

“电视节目会为你带来什么？——脖子痛和智商下降。”《查理和巧克力工厂》这部电影告诉我们，看太多的电视会引起许多健康问题。这些健康问题还与许多其他的电子设备有关，比如智能手机和平板电脑。不需要大量的研究我们也知道：整天坐着，盯着屏幕看对身体不好，特别容易引发颈部和背部的疼痛。

发现问题相对来说还是比较容易的，但要找出好的解决办法就困难多了。总有人告诉你别再做那些会引发健康问题的事情，这些建议虽然听起来似乎“很有帮助”，但大家都知道，单凭这些建议很难让人们彻底改变。那么，就让我们转变一下思路，与其告诉人们“别做什么”，不如告诉他们“应该怎么做”。

首先，我们需要知道的是颈部以及整个颈椎区域非常神奇，它可以在许多方向上进行弯曲、伸展和旋转。很多人一直以为颈部是非常脆弱的部位，但世界上有些地方的人却能在头顶着沉重的水罐行走——听起来颈部一点不像很脆弱的样子。事实上，即使什么也不顶，仅是5千克重的头部，需要成天承受它的重量也并非一件轻松的事。因此，我们不得不承认，颈部远比人们想象中强壮。

但相对于身体的其他部位，颈部的确经常给我们带来痛苦。缓解颈部疼痛既简单又省钱的方法就是经常转动你的脖子和身体的其他部位。运动是最好的护肤品，也是“可以经常服用”的良药。当你的脖子开始疼的时候，你就应该活动活动它。最好是在它不舒服之前赶紧起来动一动脖子。你的脖子与头部、躯干、手臂甚至腿部的运动都是相关的，所以散步、转动手臂或朝不同的方向看都可以缓解颈部疼痛。

智能设备对人体的危害不仅在于它们让人们长时间保持同一姿势，还在于它们占用了大量的闲暇时间，让人们疏于运动。皮尤研究中心的数据显示：2013年，美国成年人智能手机的拥有量达到56%，他们每天使用手机的平均时间约为195分钟。在年轻人和青少年中这个比例还要更高。这一点可想而知。因此，我们可以得出这样的结论：现在的年轻人每天使用智能终端的平均时间至少为3小时，而每天仅有四分之一的年轻人能够达到专家建议的运动量（60分钟/天）。因此，也许我们可以做一个非正式的假设：未来，年轻人在智能设备上所消耗的时间将越来越多。事实上，这些被白白耗掉的时间会对他们的健康造成非常不良的影响。

用投资领域的话来说，体育锻炼就像把钱投进银行以期获得利息。这些利息即身体健康。过度使用智能设备可能会让我们的健康如同账户里损失的投资本金一样不断流失。

“陪审团”可能仍在裁决智能手机是否会让我们变得更聪明，很可能已经知道答案了。就像最初威利·旺卡在影片所得到的教训一样，智能手机也会给我们的生活带来同样的教训，可能还会更糟。正如影片中小矮人们所唱的歌曲中的忠告：“我有一个建议，当你的身体感到僵硬时，只需要动起来。”

02

你是否意识到，你的腿脚越来越笨

在上班的路上，你的脚会经常踩到软绵绵的、不平整的或是任何让我们的腿脚容易受伤的东西吗？不会经常遇到，对吧？就连《星球大战》里的那个小机器人R2-D2都能依靠他的小轮子毫无阻碍地四处走动。我们生活在一个平坦的世界里，很少在日常生活中遇到具有挑战性的复杂的运动。就连爬楼梯这种稍微需要用到我们的运动系统的事情都被自动扶梯和电梯所取代了。

根据S.A.I.D.（Specific Adaptation to Imposed Demands）原则，我们的身体会进行自动调节以适应环境需要。因此，如果你每天都以上述这种完全城市化的方式与地面进行接触，脚和脚踝一直得不到满负荷运转，就会导致其生理功能无法完全发挥作用。最终的结果就是，你一直以功能不全的肢体接触地面，以致其无法为身体其他部位传递最完整的运动规律。换句话说就是缺乏足够的外界刺激，那么，踝关节的运动能力将会变差，身体其他部位的运动能力也将随之下降。

我经常从客户身上发现这个问题。他们的脚根本不能正常工作。当我让他们完成诸如踩在泡沫垫上这样简单的任务时，他们都很难保持平衡。他们的脚无法对摇晃的表面做出反应，保持稳定所必需的信号无法被传送到大脑。现代社会让我们不再需要进行自然的动作，远离了草地、岩石、泥土等野外地面，我们的脚因此变得又蠢又笨。

当你的脚接触地面时，全身都会做出反应。如果脚踝功能受限，身体其他部位的功能也会随之受到限制。当脚接触地面时，整个身体都会产生连锁反应。只有当脚踝的各项功能处于最佳状态时，这种反应才是平稳而有效的。如果脚和脚踝功能处于较差的水平，就好像你的脚在和你身体的其他部位说着另一种语言。所以，当你的“城市脚”在远足时闯入了一条充满挑战性的丛林小道时，你就会觉得自己像第一次穿上溜冰鞋一样难以控制身体。协调性、平衡能力、反应速度和整体性能都不能满足自然环境的需要。

小径、草地或沙地等崎岖不平的地形将为运动机能提供所需的生理营养。这样的环境会促使你的脚和脚踝恢复到最佳状态，从而恢复身体其他部位的功能。我们的脚天生就能在各种路面上行走，只有在能够做到这一点时它才是最快乐的。所以，想想你的日常生活，问问自己这个问题：你每天在平地上和在不平整的地面上行走的时间比例是多少呢？

无刺激的运动环境是如何影响我们的日常生活和健康的呢？我们可以通过观察运动技能与肥胖等健康问题之间的关系来进行判断。

这项研究使我们认识到协调性与肥胖之间有着密切的关系。对于孩子来说，协调性以及运动技能低下将导致肥胖。此外，反向联系也成立：肥胖导致运动技能变差。不管怎么看，那些运动能力较差的人都更容易患肥胖症。

在不同环境中进行足够的体育运动是发展运动技能的关键，尤其是对儿童和青少年来说，更是如此。那么究竟是什么造成我们和孩子们缺乏适当的锻炼的呢？

从20世纪80年代开始，人们花在体育锻炼上的时间就一直在逐年减少。可能有许多因素导致了这一现象，但这一定与我们生活中电器使用量的增加脱不了干系。我记得我朋友的家人在1983年买了第一台录像机，这是我们社区变革的开始。

据美国有线电视新闻网报道，美国的青少年每天花在电视上的时间至少有9个小时，而年纪更小的孩子恐怕时间还会更长。那么这些时间是从什么地方来的呢？如果孩子们每天花了这么多时间盯看屏幕看，他们做什么事情的时间减少了呢？

显而易见的答案是“玩”。而“玩”是开发儿童身体和心灵最好的活动。孩子们“玩”的方式大部分是天生的，比如绕着沙发跑、往水坑里跳等。然而这些活动现在都被手机、平板电脑、社交平台以及电视节目取代了。同样的情况也发生在成年人身上，并且孩子们沉迷智能设备很大程度上就是受到了成年人的影响。

体育运动为身体带来的诸多好处之一是能够开发运动技能，比如身体的协调性和平衡能力等。这些都是孩子们健康的主要指标，而且更重要的是，它们还预示着孩子将来的健康指标。

因此，无论我们如何看待运动环境——锻炼脚和脚踝力量的地形，以及运动量——孩子们每天在后院玩耍的时间，我们都应该知道它们与我们将来的健康有着直接的关系。

福布斯杂志曾经基于霍普金斯大学研究中心的研究报告发布了一组发人深省的数据（针对美国）：如果达到建议运动量的儿童比例从最低水平增加到50%，肥胖以及超重儿童的患病率可能会减少4.18%。如果儿童能够获得更多的体育运动量，每年将节省81亿美元的医疗成本，以及138亿美元生产力的损失。如果将这一比例提高到75%，则可以节省166亿美元的直接医疗费用以及236亿美元的生产力损失。如果让所有儿童达到这一水平，将使肥胖和超重的患病率降低14.89%，节省263亿美元的直接医疗费用以及360亿美元的生产力损失。

你还认为我们不需要坚持锻炼吗？

03

穿鞋还是不穿鞋，这是个问题

我知道在这里套用莎士比亚的经典台词显得有点不合时宜，但我禁不住要这样做。抱歉，本节的内容可能有点难以理解，技术性太强，但请千万不要跳过，坚持读完它。

人类的脚踝和脚是非常复杂的身体部件，很难彻底搞清楚其内部构造，主要是因为缺乏可靠的分析方法。脚有两个主要功能：不稳定性，以适应各种路况；稳定性，以实现有效的力量。脚的生物力学特性较差时，尤其是平足和高足弓的人容易引发足底筋膜炎、胫骨应力综合征以及其他损伤。足底筋膜炎是脚后跟疼的另一种说法，胫骨应力综合征则表现为小腿内侧酸痛或疼痛。

鞋子可能改变脚和脚踝的生物力学特性，也可能增加患上某些疾病的风险。一项研究表明：赤脚行走和穿鞋时行走，人体的重心不同。换句话说：你穿鞋和不穿鞋时走路的方式不同。如果脱掉鞋子，你会像嬉皮士一样四处闲逛，你的重心自然而然就转移到了前脚掌，而当你穿上鞋时，你会将重心集中于脚跟。

举一个有趣的例子：史蒂夫·乔布斯——苹果的创始人之一——年轻时拒绝穿鞋子，一周都不洗一次澡，而且长期只以苹果为食——那当然又是另外一回事了。这对他的整体健康是否有好处还没有办法定论。我也尝试做了类似的事情，当然不是指拒绝洗澡和只吃苹果的事。我有一段时间迷上了赤脚跑步，但并非完全赤脚。我买了一双所谓的"赤脚鞋"。当穿上这双鞋跑步时，我发现需要一段时间才能让自己适应它。我曾经是一名短跑运动员，跑步时习惯将重心集中在前掌。

四个月后，我不得不放弃了。不论在什么样的路面上跑步，我的小腿都疼痛难耐。无论有没有科学依据，这都是不争的事实。赤脚跑步对我个人而言并没有什么好处。于是我只好穿回跑鞋，问题随之迎刃而解了。

或许是因为我赤脚跑步的方式不对？又或许是因为之前几十年穿鞋跑步，我很难改变这种跑步方式？我自己也不清楚答案。或许正如电视剧里辛普森所说的那样："生活中的所有问题，酒精既是因也是果。"

鞋子也是一样。它们既是解决方案，又是问题所在。不明白吗？这不怨你。请继续读下去，我会尽量为你解释清楚个中缘由。

当你看到支持赤脚跑步的论点时，主要的前提是它是解决问题的方法。很多人声称赤脚跑步是很自然的，可以降低受伤的风险。然而，数据真的支持这一点吗？德拉瓦大学和哈佛大学的一项研究给了我们答案。该研究得出的结论是，穿鞋的人很容易受伤。而且，穿鞋者的受伤比例几乎是赤脚者的两倍。但是为了避免由此得出错误的结论，我们还必须考虑其他因素。当研究人员观察跑步者的损伤类型时，发现两者确实存在着差异。穿鞋者所受的伤害更多的是足跟痛（足底筋膜炎），而赤脚跑步者更多的是跟腱炎。我也有过同样的经历，但我仍然认为这不是全部的事实，还需要做进一步的研究。

为了更好地理解这一点，我们需要对脚部做一些了解。

脚的生理构造之复杂，远远超出了你的想象。它由28块骨头、57个关节、108个韧带和200000个以上的神经末梢组成。这是一个庞大的构造，需要遵循许多运动规则。显然，当你试图用鞋子来改变这个天才的设计时，会遇到诸多问题。

当你站立或走动时，你的脚是你与地球唯一接触的部位，所有在那里的神经都告诉你的大脑正在发生什么。没有他们，你会迷失方向，失去平衡。你的脚是你站在地面上时的主要信息来源，必须承受许多困难。老实说，你以前想过你的脚吗？或者他们只是你穿上鞋子的东西？

跑步、跳跃和横向移动是对脚很大的挑战。你的身体重量最先由你的脚踝承受，然后依次传递到小腿、大腿、臀部、骨盆，最后是脊柱。如果你在沥青或碎石这样的平坦路面上跑步，你的骨头、关节和韧带所承受的压力是你体重的三倍。而在下坡或跳跃时，这些部位所承受的负荷还会更大。其实不需要我强调你也会理解，要让身体承受这样的压力，维持正常的双脚功能的重要性。但无论如何，我还是想要强调这一点。如果身体功能链中的第一个环节出了问题，会给整个身体功能带来很大的麻烦。这就像刑事调查中第一目击证人的重要性一样。

如果你以正常的速度行走，你的脚每分钟大约接触地面58次。这个步数会随着你的速度快慢和步幅长短而增加或减小。可以大致计算一下步行10米时，脚必须承受的重量。而你的脚是否能够承受这些重量取决于它们的强度和韧性之间的微平衡。如果这种平衡被打乱了，你的脚就会变得脆弱，让你很容易受伤。如果你身体状况不好，情况将会更糟。虽然运动损伤的原因是解剖上的不平衡，但伤害的根源还是身体的负荷。

我们的脚都各不相同。尽管很多专家提出了所谓“正常”的类型，但实则没有哪种类型是“正常”的。有些所谓的专家声称，那些患上阿基里斯肌腱炎、应力性骨折或足底筋膜炎的患者是因为他们的脚“不正常”，而且没有用那些昂贵的鞋子进行矫正。有趣的是，南非约翰内斯堡的威特沃特斯兰德大学的科学家将180个现代人类与2000年前的骷髅（索托语祖鲁人和欧洲人）的脚部进行对比的结果显示，古人的脚比现代人的更健康。也就是说，没有穿鞋的古人要比现代人的身体更好。那么，人类的进步究竟表现在哪里呢？当科学家们将现代祖鲁族（他们仍然不穿鞋）与穿鞋的欧洲人进行比较时，猜猜看哪一组的脚更加健康呢？是的，答案是祖鲁人。这一领域的前沿研究人员——伯恩哈德·基普斐博士发布他的研究结果时说，医生和专家们也支持健康人群不要一直穿着鞋子走路，也可以偶尔尝试赤脚行走。鞋子其实并没有制鞋厂在广告中承诺的那么好的效果。

当你穿上鞋以后，你的走路方式将与赤脚的时候有所不同。你可以试一试：找个可以留下脚印的地方，先穿着鞋子走路，然后将鞋脱掉，仔细观察你的脚印。看到区别了吗？

当你赤脚走路时，你的脚大约有80%与地面接触。而穿鞋时，脚部接触地面的面积减少了很多。也许这就是这么多人在努力平衡自己的原因。不穿鞋时，你的重量集中于脚趾和脚掌上。穿上鞋以后，你放下了脚后跟，或多或少地忘掉了脚的其他部位。生产鞋子的厂商声称他们的产品可以弥补足部的弱点。但这是真的，还是一个骗局呢？

当你赤脚时，不会将脚后跟放在地面上，因为那样感觉不舒服。因此，你会将重心放在前脚掌和脚趾。为了解决这个问题，鞋子通常会设计成保护脚跟的形状，同时，由于在柏油和碎石这样粗糙的路面上行走，脚会感觉不舒服，我们也需要穿上一些东西来对它进行保护。此外，那些扁平足的人也需要特殊鞋垫的额外支撑和保护。上面提到的三点，是人们穿鞋的功能方面的主要原因。当然，穿鞋还有美学方面的原因。鞋子穿在脚上很好看，增加了整体的美感。即使是像高跟鞋那样穿一会儿就会让人备受煎熬的鞋子也很受欢迎（主要是在女人当中），因为它们会让你变得更加性感。问题是，随着时间的推移，这些鞋子会破坏你的跟腱韧带功能。如果你没有做专门的练习来对此进行纠正，有一天你可能将无法再穿高跟鞋，甚至身体会受到伤害。

近年来，鞋子生产厂商越来越注重制造更加舒适的鞋子。他们的产品基于这样一个概念：鞋子应该尽可能地接近赤足的状态。我认为这些厂商确实非常有创意。你可以找各种各样的鞋来模仿自然状态，但是你不认为这有点自相矛盾吗？

脚的结构相当完美——进化真的很了不起。尽管如此，我们还是买了鞋子，试着让它们发挥脚部已经拥有的作用。这就像你非要戴着你根本不需要的眼镜，即使它会让你的视力变差一样。机智的读者可能会指出：像沥青、混凝土和砾石这样的路面并不是脚部在进化过程中所适应的自然表面。但我会告诉你这种看法是不对的。

让我们仔细研究一下运动鞋。1991年《运动医学与科学》杂志上曾经发表的一篇题为《运动鞋：产生于不安全的错觉》的文章认为：穿着昂贵的跑鞋，你更容易受伤。便宜的运动鞋可能对你的伤害小一些。另一项研究也得出了类似的结果。穿昂贵的运动鞋每跑1000千米，会给人体带来31.9的伤害；穿廉价运动鞋每跑1000千米只会给人体带来14.3的伤害。

带加厚气垫的昂贵运动鞋在跑步时会吸收大量能量，从而减轻膝盖和臀部的负担。这听起来好像很有道理。那么，为什么那些穿着使用大量填充物的鞋子的跑步者比穿便宜跑鞋的人更容易受伤呢？其实，这些气垫根本没什么用。

我已经说了很多与脚部有关的损伤（跟腱炎、足底筋膜炎），但这并不是唯一容易受伤的身体部位。很多人曾经遭受过膝关节疼痛的折磨，并因此生活质量大大降低了。

2006年，芝加哥医科大学（Rush）风湿病专家对膝盖承受过多的负荷而引发的关节炎进行了研究。多年来，医生建议他们的病人穿着带填充物的鞋子以减少膝盖的负担，但来自Rush的科学家却不这么认为。他们让病人穿着鞋子和不穿鞋子四处走动，然后测量膝盖的负荷。令他们吃惊的是，病人赤脚走路时实际承担的负荷减少了12%。

那么，这是为什么呢？

为了解释这一现象，我们需要了解你在穿着有很多填充物的鞋子时脚的情况。当你穿着这样的鞋子在地上行走时，这种柔软并能够吸收绝大多数冲击力的鞋子会让你感觉像是行走在气垫上一样。这会向你的大脑传递什么信息呢？如果你不戴手套进行拳击训练，你会用尽全力击打沙袋吗？不，你不会，因为那会伤到你的手。然而，当你戴上带有衬垫的手套时，你就会拼尽全力。你的脚也一样。穿着带气垫的鞋子，你会用脚后跟用力接触地面，因为你感觉这样做不会给脚带来伤害。气垫鞋和拳击手套的作用一样。但如果不穿那样的鞋子，你就不会将重心移向鞋跟。脚跟受到的冲击力就会小很多，膝盖和臀部的负荷也会小得多。

另一个要考虑的重要原因是，当你的脚与地面接触时，你的神经末梢发出的信号（还记得吗，足部有超过200000个神经末梢）会告诉你的大脑你想要走还是想要跑。你的身体可以采取适当的行动，以确保身体的每一个部分都提前做好准备，并适应这个速度。如果你穿上有气垫的鞋子，这些神经末梢发出的重要信号会发生什么变化呢？它们当然会失灵啦。你的脚不能够像赤脚时那样感受地面，神经末梢传送的重要的信息也因此被压制了。

1997年，蒙特利尔大学的史提夫·罗宾斯和爱德华·维克德发现，跑步鞋中的填充物越多，与地面接触就越困难。这是因为你会本能地用力将脚踏向地面，以抵消气垫的减震。同样的事情也发生在体操运动员身上。如果运动场地表面松软，落地时会产生更大的冲击力。这是因为落地时需要足够的冲击力才能找到平衡感。因此，你必须使用更大的力量去突破气垫的缓冲才能感知地面。如果不穿鞋，你会马上感知地面，更容易调整脚的力度。

那么，我们该怎么办呢？扔掉所有的鞋子，像嬉皮士一样生活吗？

不，千万别那样做！你可以试着经常赤脚锻炼。找个合适的地方，别在柏油路上，而是在草地上试试。只要有可能，就脱掉鞋子到处走走。

对此你还是不太确信吗？也许你被告知是扁平足、高足弓或脚过度内翻，如果不想受伤，就得穿着适当的运动鞋进行矫正。扁平足因为脚向内塌陷，肯定会增加小腿内侧和膝盖内侧的负荷。但运动鞋是解决问题的好办法吗？也许不是。适当的训练可以进行纠正，而不必花很多钱在昂贵的鞋子上。当然，这跟某些喜爱奢侈品的人的观念不同，也不利于那些想向你推荐他们的鞋子的所谓的专业人士的利益。

高足弓的人也是如此。因为前脚掌过早落地，将减少脚的稳定性并增加脚部的负荷。脚部过硬降低了它的减震能力。但你不一定要买昂贵的鞋子来进行矫正，通过适当的训练就可以了。

一些研究结论显示：久坐的生活方式会降低肌肉力量和骨骼厚度，也可能导致上述问题。这就是老年人常常患有疾病的原因。在一个随机的年龄范围在65岁以上的社区人群样本中，有24%的人被发现有足部问题。在世界范围内，估计有超过60%的老年人患有某种足部疾病。

因此，我们能从中得出什么结论呢？我们究竟应该穿普通的鞋子、穿带气垫的鞋子、穿极简单的鞋子（接近赤脚），还是完全赤脚呢？答案我不确定。但对我个人而言，穿极简单的鞋子是不行的。事实上，喜爱穿气垫鞋进行矫正的人确实比喜欢赤脚和穿极简单的鞋的人多得多。但这样做，你很可能只是从脚后跟疼变成了跟腱疼。很奇怪吗？这里要说明的是，出现这种情况的原因不止一个，而且答案相当复杂。

我认为赤脚跑步有点像是一种宗教信仰。如果有人告诉你光脚跑步是很自然的事，你应该表示怀疑。不要轻易扔掉你的鞋子，好吗？相反，试着如前所述的那样穿鞋和不穿鞋跑步。把你的脚想象成你养的狗，有时应当把它用皮带拴起来（穿上鞋），当情况合适的时候，也应当让它自由活动（脱掉鞋子）。

04

腰痛那些事

有多少人曾向你抱怨自己腰痛？或许你自己也正遭受着腰痛的折磨。如果是的话，本节的内容正好适合你。腰痛患者非常普遍，以至于我们的医疗系统在这方面的投入比在糖尿病和癌症上的投入更大。腰痛困扰着许多人。为了治疗腰痛，他们花费了许多精力和财力。事实上，许多人为此不得不放弃工作待在家里。尽管如此，还是有很多关于腰痛的有效疗法。

北爱尔兰一些著名的治疗腰痛的专家发布了以下清单来阐明这一全球性疾病，以给人们启示：

- 腰痛是常见和正常的。80% 的人都曾经经历腰痛。这就像疲倦或悲伤一样平常，对人体并没有很大的危害。但是如果长时间持续腰痛，则需引起重视。不过，它通常会在几周内好转，三个月内痊愈。
- 在一般情况下，不需要进行核磁共振扫描。也许医生会建议你进行核磁共振扫描，但不到 5% 的扫描结果会显示出问题。那为什么还要去做呢?

- 核磁共振成像的结果通常都会有某些健康提示。比如腰椎间盘突出、脊椎退行性形变等。许多人虽然并不感到疼痛，但当他们拿到这样的报告时通常会感到紧张，害怕由此带来的痛苦，因而尽量避免健康的体育锻炼。
- 你的腰痛不一定是损伤引发的。许多人腰痛，但扫描结果并没有显示出任何损伤。
- 卧床休息对腰痛没有任何作用。一旦你运动时感到腰痛，就会卧床休息，以避免痛苦。就像你的脚受伤之后，就会尽量避免让它承受任何重量一样。然而，最好的治疗方法是尽快恢复正常的活动。卧床休息只会使情况恶化。事实上，待在床上的时间越长，你的腰疼就会越严重。
- 并不是疼得越厉害就意味着损伤越严重。也许这听起来很奇怪，但两个身体损伤完全相同的人，对疼痛的感受却相去甚远。有很多因素会影响你对疼痛的感受：情绪，你之前关于疼痛和焦虑的经历，你的身体状况和精神压力，等等。
- 在一般情况下都不需要进行手术。事实上，从长远来看，训练和锻炼对疼痛的治疗同样有效。
- 背包并不危险。实际上这是一种很好的锻炼。你不必为孩子每天背着书包去上学而担心。
- 没有什么正确或错误的坐姿。你应该做的是避免久坐，最好每隔一小时起身四处走动一下。
- 弯曲腰或弯腰抬东西不会对你的腰造成伤害。你应该多做这些运动。力量训练是很好的锻炼，能够让你的腰更加强壮。偶尔感到有点痛没有大碍。弯腰拉伸可以增强身体许多部位的力量，尤其是腰。别害怕，大胆去做吧。

- 如果腰受伤，不要避免身体活动。相反，你应该更加积极地运动。如果你因为试图保护你的腰而改变了你的日常行动方式，反而会让疼痛加剧。
- 充足的睡眠很有必要。睡眠质量不好会加重腰疼痛。应该尽量保证充足的睡眠。
- 运动对你的身体有益，永远不要停止运动。坚持步行、爬楼梯、骑自行车、跑步、拉伸和力量训练，不要害怕疼痛。它可能并没有你想象中那么危险。
- 慢性腰痛也是可以好转的。如果你遵循正确的建议，把腰痛视为一种不危险的自然状态，它通常都会好转。

现在你已经知道了，你的腰完全能承受你本来刻意避免的许多事情。腰痛没什么大不了的，是时候做一些重体力活了。加大主要关节的负荷可以减少疼痛，增强活动能力和力量。它还能增强你的骨骼系统。脆弱的骨头更容易断裂。因此，如果你不想骨折，那么是时候做一些重体力活了。

我的腰从来没什么大毛病。当然，我曾经也经历过几次腰痛，但总是能够设法通过一周或两周的锻炼摆脱它。然而六个月前，当我在进行力量训练时，我右边的腰突然受伤。所幸不是很严重。在接下来的几个月里，每当我清晨醒来时都感觉疼痛和紧张。如果当时跟着直觉，为了避免疼痛，我一定会停止力量训练。但我并没有。随着我继续训练，疼痛消失了。这是一个悖论。正是引起疼痛的训练反过来治愈了疼痛。那么，为什么大多数人在感到疼痛时会避免运动呢？是出于本能呢，还是仅仅因为别人一直告诉我们应该这样做呢？

让我问你一个问题：如果你出去散步，突然绊到了石头或者什么别的东西，伤了脚踝。在接下来的几周或几个月里，你会停止走路吗？可能不会。很少有人会因此几个星期或几个月坐在轮椅上。你最有可能的是休息几天，直到肿胀消失，然后就开始重新走路了。大多数人就是这么做的。那么，当你的腰受伤时，为什么就要表现得不一样呢？脚踝受伤和腰受伤有很大的区别吗？不，其实并没有。但许多人的表现却不是这样。

你肯定听到过很多人说："我腰疼，起不了床了。"这是一个很好的借口，对吧？它能让你逃避很多事情。但这仅仅是一个借口吗？可悲的是，不。大多数人是认真的。他们害怕用腰，怕对它造成更大的损害。这是一种错误的认识，别因此将重担推给别人。如果你的脚踝受伤了，就用你的腿。让脚踝休息一两天，然后再使用它。也许一开始不能够完全用力，但你可以试着让它尽快恢复正常。这并不危险，而且对你的康复至关重要。

05

人类的秘密武器

世界上的确存在着许多悬而未决的问题，但让我们保持健康的主要因素却无外乎就是“正确的饮食+适当的锻炼+良好的睡眠”。有无数的经验可以证明，只要能够做到这三点，基本上就能保证我们的健康。那么为何人们很难完全做到上述三点呢?

如果你关注运动及体育新闻，你肯定听说过“兴奋剂”这种帮助提高运动能力的违禁药物。你可能读过有关教你如何提高运动水平的“科学”文章。但你听说过职业运动队和运动员相信他们的身体和思想具有某种秘密武器吗?就连科学家也对此表示赞同——这些东西真的有用!如果你还没猜到，好吧，现在让我给你一点提示。请你闭上眼睛。

你希望你的运动成绩提高10%吗?如果我告诉你使用这个秘密武器在几周之内就可以做得到呢?而且最棒的是，你要做的只是多睡一会儿。睡眠是一种严重遭到忽视的工具。

事实上，许多NBA(美国职业篮球联赛)和NFL(美国职业橄榄球大联盟)球队现在都非常重视睡眠。那么如果你既能增加三分命中率、提高10%

的跑步速度，还能有更多时间躺在床上睡觉，你又何乐而不为呢？在通常情况下，这种改善都与药物或其他可疑因素有关。难怪这些球队现在正在“让”他们的运动员睡得更多，因为他们看到了充分休息带来的巨大好处。顺便说一下，我们中没有多少人知道自己究竟是真的适合当运动员，还是在用我们的生命赛跑。

这是好的一方面。不幸的是，有很多东西在争夺我们能用在睡眠上的时间。即使我们已经躺进被窝，闭上眼睛努力地想睡个好觉，这些东西也会对我们的睡眠产生很大的影响。它们之中许多都有一个可以发光的屏幕。屏幕所发出的光会降低睡眠激素——褪黑激素的分泌。入睡之前90分钟内看电视或者使用智能设备会对入睡能力产生负面影响。记住，直到你真正入睡并开始进入睡眠的不同阶段，你才算进入了睡眠状态。

科技也为我们提供了一些有效的途径以帮助我们监测睡眠质量，改善日常生活习惯。如果我们可以对科技善加利用，而不是成为科技的奴隶，我们就能从这些现代设备或者应用程序中获益。然而许多人正在被这些智能设备奴役，并逐渐削弱他们保证身体健康的基本原则：“正确的饮食+适当的锻炼+良好的睡眠”。

但值得一提的是，人类总是力图通过非常复杂的方法来解决简单的问题。假如我们更加注重改善生活习惯以及对疾病的预防，比如积极从事各种形式的体育活动等，那么我们完全可以花更少的金钱以及时间来对疾病进行治疗。我们面临的问题是如何在日常工作中的每一小时都进行少量的体育锻炼和运动。现在是时候接触你的秘密武器，打开你所拥有的最高科技的活动追踪器——你自己的身体了。

好吧，让我们从你贵重的财产之一开始——你的车。你知道拥有汽车的人体重超标的概率比没有汽车的人高出80%吗？是的，没错。你的“四轮朋友”，你每天花时间将它洗干净、擦拭得油光锃亮，但它却几乎每天都在伤害你。它使你远离体育运动。别误解，我的意思是我们大多数人都需要一辆车作为代步工具，但我们并不需要时刻都开着车。当你有机会步行时，最好尽量少开车。也许你可以考虑将车停在距离上班的地方5～10个街区的地方，然后步行去上班；也许周末应该是你每周的无车日。重点是你应该多用你的脚，少开车。你的健康，甚至于你的生活质量都取决于此。如果你有孩子，我敢肯定，比起坐在汽车后座无所事事，他们更喜欢走路。

你关心国家经济吗？我想是的。它关乎你的一生：医疗保健、教育、基础设施、养老金等，都是大开销。如果人们每天更加积极地锻炼身体，可以节省数十亿美元。政府可以将这些节省下来的经费用于其他地方，而不是照顾那些因为懒惰的生活方式而生病或受伤的人。也许在将来，懒惰会被认为跟吸烟一样有害，因为它对健康的影响相当恶劣。

本章内容概要

- 你的脚每天需要面对各种挑战。不要总是在平坦的路面和地板上行走，多在草地上、沙地上或各种地形上行走。别让你的腿变笨。
- 鞋子可能改变脚和脚踝的生物力学特征，也可能增加患上某些疾病的风险。
- 运动是最好的护肤品，所以如果你感到身体僵硬，请开始运动。
- 保证足够的睡眠。不要总是盯着屏幕看，而埋没了你的秘密武器。

给你的建议

- 每周一次或两次去那些能够让你的脚得到锻炼的地方走动。
- 时常脱下鞋子，光脚走路。
- 放下手机或远离电脑屏幕，四处走动走动。
- 早点睡觉，保证每晚至少 7 ~ 8 小时的睡眠时间。

PART 2

能量，多少才算够

01

太多的能量储存会要了你的命

超重是你的食物摄入量和消耗的热量（运动量）之间不均衡所导致的最直接的结果。你的身体会存储下多余的能量，以备不时之需。这当然是一个极好的生存策略。然而，如今早已没有了狩猎场，取而代之的是大大小小的超市和便利店，以及塞满食物的冰箱。那么问题就来了：你还需要在当下这个慵懒的世界里储存大量的能量吗？答案当然是，不！

身体中储存的大量能量会从你激增的腰围中显现出来。你的裤子越来越紧，衬衫扣子很难扣上，浴室里的磅秤显示的数字越来越大。与此同时，你感到特别劳累。储存在身体里的多余能量并没有让你感觉精力充沛，只会让你觉得躺在沙发上比走路更加有诱惑力，开车比走路容易，因为超重的身体很难移动。然而，你如果总是逃避运动，最终一定会为此付出代价，除了容易患上各类疾病，臃肿的身体也会大大降低你的生活质量。

一直坐着和不健康的食物是一对致命杀手。通往地狱的路是由错误的选择铺就的。我这里所说的地狱并非《圣经》里所描写的地狱，而是你伴随着痛苦的生活和严重的健康问题的几十年的漫漫人生路。

我的一个病人第一次来找我时，爬楼梯都相当困难。她张着嘴，大口喘气，额头上满是汗水。医生给她开了治疗高血压和II型糖尿病的药，但并没有就她缺乏锻炼的生活方式和不健康的饮食习惯做任何调整。她的关节和腰深受病痛困扰。她问我需要多久才能修复她的身体损伤？

我给她的答案是八周。

遵照我的建议，她每周进行两次锻炼，日常活动量也增加了，吃得也更加健康。两个月后，她爬楼梯来到我的办公室，告诉我她可以自由活动时，眼睛闪闪发光，充满了喜悦。她的生活质量得到了极大的提高。下班后，户外活动取代了沙发和电视。结果，她的体重减轻了10千克，血压和血糖都下降了。和大多数人一样，她也感受到了快乐和充实。除了体重，她非但不觉得自己失去了什么，反而觉得得到了更多。

02

胖子不是一天吃成的

通常人们在一周之内体重不会突然增加好几千克。如果发生这种情况，你应该马上去就医。身体储存多余热量需要一个过程，这就是为什么直到体重增加两位数以上时人们才注意到。你正在慢慢习惯着体重的增长，直到有一天你突然发现之前的衣服都不合身了。但这还不是最糟糕的结果。

当你意识到已经无法跟你的孩子一起玩耍、爬楼梯成了一种挣扎、日常活动也是能避免就避免的时候，你必须承认这一切并非是在一夜之间发生的，自己已经在一条错误的道路上走了很长时间了。这真是令人感到悲哀。从很多年前就开始了，但是你没有发觉，或者你只是对此睁一只眼闭一只眼。总有一天，这些错误的选择会彻底毁掉你的生活。最可怕的不是你所看到的这些，真正的噩梦正发生在你的身体上。你的眼睛虽然看不见，但每天都能感受得到。

你的骨骼难以承受你的体重，心脏和血管为了排除血液中多余的糖分超负荷工作。脂肪储存量不断增加，激素分泌水平（这是你身体必不可少的信号系统）不断下降。你注意到了这些情况吗？除非去体检，不然你很难注意到。高血压不会立刻被发现，血管刚开始堵塞时也是如此。你的心脏和其他器官正在拼命工作来对你的暴饮暴食进行善后。

身体发出的微弱信号是很容易被忽视的。你可能总是感到口渴，但仍然在喝苏打水，因为你厌倦了喝白开水。也许你的脚时不时感觉有点麻木，但你以为那是因为在电脑旁坐得太久。你忽略了一些细节，比如腰、颈部或肩部的小疼痛，以为那可能是工作时间太长导致的，并无大碍。很快，爬楼梯时，你会感到胸口痛、呼吸困难，但你认为这是正常的，因为上次锻炼已经是很久之前了，也许是一两年之前的事了。毕竟，你的工作压力很大，根本没有时间去健身房。

可能突然有一天，你发现自己患上了II型糖尿病和高血压，但为时已晚。

1987年至2002年之间，中国每年增长的肥胖者数量近1%。这是一个非常惊人的数字。它意味着每年增加一千二百万以上的超重和肥胖人群。想象一下，长此以往，这将会对社会造成多大的经济负担，而在这个数字背后还有着太多的个人悲剧。肥胖和II型糖尿病对生活质量具有重大影响。需要很多的努力，人们才能从这些疾病中恢复健康，改善生活质量。但这并非不能做到，读完本书，只要具备了足够的知识和毅力，这一切都可以实现。

中国的血压数据显示，近20年以来，间30～65岁的成年人中，高血压人群正在逐年增加。城市中的男性高血压患者占比更大。这并不奇怪，因为城市中肥胖人群的比例更大。20岁以下的人群中，23%的男孩和14%的女孩被发现超重或肥胖。这种超重和肥胖不仅在城市越来越突出，在农村地区，也呈现逐渐增长的趋势。

数据显示，与心血管疾病以及与癌症相关的非传染性疾病的增加也与超重与肥胖息息相关。2015年，世界卫生组织发出了以下警告：

世界卫生组织总干事玛格丽特·陈博士指出：根据最近的报告，政府需要采取紧急行动对非传染性疾病（NCDS）进行防治，防止1600万人因患心血管疾病、中风、癌症和糖尿病等疾病过早死亡（70岁前死亡）。国际社会有机会改变慢性非传染性疾病的流行过程。玛格丽特·陈博士今天发布了《2014年非传染性疾病全球现状报告》。报告中指出：每人每年投资1—3美元，可以大大降低NCDS疾病的患病率和死亡率。2015年，各国都需要制定国家目标并实施符合成本效益的行动。不然，数百万人将因此而过早结束生命。报告指出，早期NCDS是可以避免死亡的。2012年，3800万人因NCDS丧生，其中的42%，即1600万人死于早期非传染性疾病。这是完全可以避免的。这个数字在2000年是1460万人。

1999年，中国农村地区特异性感染死亡率和寄生虫感染率是1974年的七分之一（分别为58.2/100000 和8/100000），但在城市地区，1999年糖尿病的死亡率是1974年的5倍左右（分别是15.4/10000和3.4/100000）。

2000年至2006年间，超重率从62.1%上升到69.9%，肥胖率从23.7%上升到30.4%。在中国，饮食习惯的巨大变化是产生这一问题的主要原因之一。超重率翻了一番，从13.5%增长到26.7%。从1991年至2006年，肥胖人数从1.1%增长到3.2%，增加了两倍左右。

目前，中国糖尿病患病人数已居全球首位，超过了1.14亿例（2017年统计数据）。

03

怀孕期间，该吃双人份吗

安妮一直很爱运动。童年和青年时期，她参加了很多体育项目，进行了系统的训练。成年之后，她也会利用工作闲暇进行运动，尤其喜欢徒步旅行、骑自行车和跑步。此外，她还经常去健身房锻炼。

当她遇到她的丈夫之后，尽管她的丈夫也喜爱体育锻炼，但他俩的大部分时间都是在沙发上度过的。随着时间的推移，改变随之而来。他们去健身房的时间减少了。慢慢地，他们的体重都增加了。

几年后，安妮的体重比二十多岁时重了很多，于是，她加大运动量和训练强度来减肥。她想恢复苗条的身材，怀念自己昔日的体形。她的膝盖和腰开始疼痛，但她认为这只是暂时的症状，会过去的。

后来，她发现自己怀孕了。她和丈夫都很高兴。然而，她的孕期并没有她想象中那样美好。安妮感觉糟透了。她每天昏昏欲睡。怀孕早期，她几乎每时每刻都感到恶心想吐。这使她几乎无法继续工作，更别说去健身房了。

她几乎整天都在电视机前度过。她想吃甜食，动不动就饿了。安妮在怀孕期间吃了双人份的食物。随着她的体重增加，她的膝盖和腰痛加剧了。只要一动，她的骨盆就开始疼。因此，她能不动就不动。

安妮的身高在1.7米左右。在孕期结束时，她的体重超过了100千克。她的生产过程相当艰难，而且在分娩之后的很长时间内都难以恢复。不等安妮减掉孕期增加的体重，她再度怀孕了。勉强减掉的几千克体重很快就又长回来了。第二次怀孕期间，她患了妊娠期糖尿病。这在分娩期间很容易引发先兆子痫及并发症。

怀孕期间出现先兆子痫的妇女之后更容易患患II型糖尿病。可悲的是，安妮并非个案，这种情况在很多妇女身上都有发生。发生这种情况很重要的一个原因就是对身体的运作方式不了解。当人们感到膝盖、腰、肩部等部位疼痛时，本能地认为需要静养，等待症状自行好转。然而，这是你能做的最糟糕的事情，因为这只会适得其反，让病情进一步恶化。

孕期的锻炼相当重要。它可以大大缓解孕期的各种不适症状，生产过程也会轻松很多。如果你身体健康，而且习惯于锻炼身体，那么你完全可以继续保持原有的生活习惯，不必因为怀孕而特别当心。

即使在怀孕前不经常锻炼，孕期锻炼也会让你受益匪浅。怀孕期间不需要过度运动，只要做些轻微的运动就可以了。这会对你有很大帮助。即使是轻微的训练也比完全不锻炼强。运动不仅对孕妇有益，对每个人而言都是如此。即便是那些你不必换运动服就可以完成的锻炼，对人体也是有好处的。

不幸的是许多孕妇都习惯于久坐不动的生活方式，这导致她们更容易患上肥胖、高血压、妊娠糖尿病。怀孕期间发生的生理变化增加了患上这些疾病的风险。

超重和肥胖让孕妇的胰岛素敏感性降低，胎儿体内循环葡萄糖水平升高。这会导致新生儿体重超标，从而引发儿童后期的肥胖以及和代谢系统有关的疾病。重要的是，怀孕期间超重会导致早产、先兆子痫、分娩时间过长、伤口感染、产后出血、早期新生儿死亡、新生儿重症监护以及婴儿死亡率显著增高。

孕期锻炼的好处

· 避免孕期体重增加过多。

· 预防或缓解骨盆疼痛。

· 明显减轻怀孕后期腰痛症状，增强脊柱的灵活性。

但是，如果你在运动时感到疼痛或不适，为了保险起见，请立刻咨询医生或助产士。如果你习惯进行高强度的训练，可以继续之前的强度，但时间不宜过长。安全起见，最好是维持简单、低强度的训练。不要进行容易摔倒的锻炼，也不要从事武术或潜水训练。

我强烈建议你在孕期进行锻炼。这对你和你的孩子都有好处，帮助你为孩子出生做好充分的准备。

04

谁说要拒绝甜食

糖最初来自印度和中国，公元八世纪传入欧洲。2017年，全世界食用糖产量为1.92亿吨。

阿斯巴甜是一种糖的替代品。它被引入市场是为了让人们减少糖的摄入量，是减肥产品中主要的甜味剂。但你肯定会问：它安全吗？如果你在谷歌上搜一下阿斯巴甜，你会发现很多关于人工甜味剂的副作用的报道。这是真的吗？或许相对而言，糖对你的健康更有威胁。

阿斯巴甜可以被人类的消化系统完全分解，然后进入血液循环系统。阿斯巴甜无法在血液或内脏器官中被发现。这项研究在动物实验和人体实验中得到相同的结果。平均每千克体重摄入小于或等于40毫克的阿斯巴甜时，身体中不会残留任何毒性。

一升无糖汽水含有500毫克阿斯巴甜。一个体重为80千克的成年男子即使每天喝6升的无糖苏打水，也不会在体内留下任何毒性成分。

当然，一般人不太可能在一天之内摄入6升的无糖苏打水！但这却让你从另一个角度认识到，你需要摄入多少阿斯巴甜才会对健康造成危害。

美国癌症协会网站上说：

几乎没有研究发现阿斯巴甜的使用与患癌症的风险增加有关。

一项早期研究表明：20世纪80年代美国脑肿瘤发病率增长可能与阿斯巴甜的使用有关。然而，根据美国国家癌症研究所（NCI）的数据，脑瘤发病率的增长实际上始于20世纪70年代早期，早在阿斯巴甜使用之前。大部分的增长都发生在70岁及以上人群中，该人群摄入的阿斯巴甜并没有达到临界点，因此也可以说明这两者之间并无直接联系。同时，也没有其他研究发现脑瘤与阿斯巴甜的使用有关。

在该领域范围最广的一项研究中，NCI的研究人员调查了50万名以上老年人的癌症发病率。研究发现，与那些不喝含阿斯巴甜的饮料的人相比，饮用这种饮料的人患淋巴瘤、白血病或脑瘤的风险并没有增加。

最近一项研究对象超过1.25万人的研究发现，饮用含阿斯巴甜的苏打水与男性患白血病、淋巴瘤和多发性骨髓瘤的风险增加有关联，而女性则不然。由于该研究发现了含糖苏打水与男性淋巴瘤之间的联系，研究人员得出结论，他们发现的联系可能只是一种偶然现象。

欧洲食品安全局（EFSA）也认为阿斯巴甜是安全的，以下是发布在他们的官网上的相关内容：

甜味剂阿斯巴甜及其分解产物已经经过30年以上的广泛研究，

其中包括动物实验，临床研究，摄入和流行病学研究以及上市后监测，等等。经过多年的安全评估，发现它在许多国家和地区都是安全的，并且通过了人体食用认证。

因此，如果你是甜食爱好者，又想减肥，阿斯巴甜是很好的糖类替代食品，除非你患有苯丙酮尿症等疾病，否则完全可以放心摄入含有阿斯巴甜的食品。

05

如果你不为未来打算，也许就真的不会有未来了

现在世界上大多数人都知道吸烟有害健康，而且它很可能在某个时候杀死你。过去十年，吸烟已经被认定为是一种对健康非常有害的行为。吸烟不仅对自身有害，还对周围的人有害（二手烟）。不可否认，人们都知道香烟是不好的东西。但你知道肥胖比吸烟更有害吗？久坐行为也是如此。仔细想想吧，肥胖实际上更有害。

你也许会惊呼：“不可能！吸烟才是头号杀手！这一点毋庸置疑。这也是卫生部门要求在香烟盒上标注警告的原因。卫生部门展示了许多吸烟引起肺部和其他组织疾病的图片，以告诫人们远离香烟。”可悲的是你错了。与吸烟相比，肥胖和久坐对你的健康更加有害。但是对于肥胖和久坐的生活方式的警示又在哪里呢？你不可能在一袋薯片或一瓶汽水上看到它。电视节目上也没有这样的告诫。可是，应该有这样警告！

如果你每天都埋在薯片、汽水和电视里，而且运动量也很少，它们就会在某一天将你置于死地。

电视让人久坐不起，从而导致肥胖和疾病。这是事实，一定要正视它。

我知道，当有人告诉你，你最爱的一件事实际上非常糟糕，这很难让你接受。电视可能是你最好的朋友（它不会与你产生口角），但它会让你远离你的床和健身房，诱使你进入久坐不动的生活状态。尽管你每天坐着或躺着很多小时，却并没有得到足够的睡眠。电视实际上成了一种“吸血装置”。看电视的时间长到一定程度，你就必须得休息和活动了。最重要的是，在看电视的过程中你会摄入更多的零食。你必须意识到这一点，因为只有这样，你才能有所行动。

我不是说你应该扔掉电视机，但你应该把它当成你的宠物，而非家庭成员。对待电视应该像对待猫一样，你应该每天关注它，但不用好几个小时都耗在上头。适当地把它（电视）摆在一边，将更多的时间用于户外活动和健身房，或者睡觉。如果你这样做了，你的身体会以你意想不到的方式感谢你。

本章内容概要

- 超重是由于你的食物摄入量和消耗量（运动量）不平衡。
- 超重会导致高血压、糖尿病、腰痛、关节痛。
- 腰痛是正常的。80% 的人都曾经经历腰痛，这和疲倦或悲伤一样平常。最好的治疗方法是尽快恢复正常的活动。这不危险，而且对你的恢复很重要。
- 增加主要关节的负荷可以减少疼痛，增加骨骼强度。
- 肥胖比吸烟更有害健康。久坐行为也是如此！

给你的建议

- 让自己消耗更多的能量（少吃多动）。
- 降低糖的摄入量，多吃自然的食物。从检查你摄入糖的主要来源开始，尤其要注意含糖的饮料和加工食品。
- 多从事重体力活动。
- 如果你怀孕了，坚持锻炼身体。这对你和你的孩子都有好处。保持健康饮食，但不需要吃双人份的食物。
- 拒绝咖啡因，少喝可乐、咖啡和茶。不要摄入消毒奶、蓝奶酪、生的食物和腌制肉类。

PART 3

健康的身体，就是要够灵活

01

你的能力在乎一心

人类能够完成各项运动并且具有足够的平衡感、力量和耐力，在很大程度上依赖于精神和感知——你对自己的感知影响了你的表现。如果你对自己的身体没有信心，会严重影响能力的发挥。

例如，如果你活动肩部时感到疼痛，你会在疼痛消失后很长时间内刻意不去活动它。你可能会说，这不是很正常的现象吗？但其实疼痛带来的感觉停留在大脑的时间比在肩关节的时间要长得多。

人体也必须和其他物体一样遵从物理定律。但是你的思想和情感受却受到周围环境的影响。你的身体并非一个没有思想的物体，而你对周围世界的感受主要取决于身体的活动能力。

运动时的身体感受对心理感知非常重要。如果你以不同的方式进行运动，感受也会完全不同。而如果你感受不到身体如何运动，就不会知道什么是对你的身体最适合的，你的身体也会因此变得不再灵活。

本体感觉是指对身体部位的相对位置和在运动中所使用力量的感觉。除了视觉、听觉、味觉和触觉之外，本体感觉对你的活动能力也是至关重要的。

也就是说感知的运动状态与看到的、听到的等其他身体器官得来的信息一样重要，而这种能力也同样是通过身体的运动得到开发的。

当你习惯于久坐不动的生活方式，或者当你受伤的时候，你的身体没有了剧烈运动，你就会逐渐失去对身体各项机能的信心。慢慢地，你能完成的运动就会越来越少。这不一定是因为肌肉萎缩，或者是你真的已经无法完成这些运动，而是因为你丧失了对自己的力量、耐力和柔韧性的心理感知。简而言之就是，“让你举步不前的原因全在你的脑子里”。你认为自己做不到的事不一定真的做不到。

人的本体感觉包括前庭感觉、动觉感知和负重感觉。动觉感知是对运动模式的感觉，包括主动运动和被动运动。也就是你如何感觉自己的体重、你所做的运动以及周围环境改变时你对自身的感知。这可能很难理解，所以让我举个例子加以说明：如果有人叫你跑或者跳，你就会立刻感到不舒服。因为你既不想跑，也不想跳。你非常讨厌做这些，想到就觉得恶心。你对跑步和跳跃的动觉感知很不好，直觉告诉你不要这么做，因此你就会拒绝去做。

记得几年前，我开设了一个训练课程。在训练的过程中，我让学员们做跳的动作。这并非高技术性的运动，几岁的孩子都能够做到。但两名学员拒绝做这个动作。他们甚至告诉我跳跃非常危险。不幸的是，这就是他们对跳跃的动觉感知，虽然跳跃对人类来说是一件非常自然的事情。

前庭感知完全取决于你以往的经验。你对周围环境的感受，尤其是对身体如何运动和头部位置的感觉。这是一个推拉式系统（push-pull system），可以感知所有的旋转方向。随着年龄的增长，这个复杂的系统会变得越来越弱，这可能就是为什么年龄大了以后不能再坐过山车了，因为它可能会让你觉得恶心。但这并不能成为拒绝运动的理由。

负重感觉是你对增加的负荷和高难度运动的敏感度。当你必须跑步、跳跃、攀登或负重时，身体会产生什么变化？你会感觉劳累或恐惧吗？你的极限在哪里？如果能够对上述指标进行测量，你就会知道是否需要提高你的负重感觉。这将提高你应对环境变化的能力，对你的日常生活很有帮助。

你肯定听说过“舒适区”。这是一个让你感到安全舒适的区间。毫无疑问，这是个消磨时间的好地方。但它对你而言究竟有多大呢？是一整个世界？从最高的山峰到水下十英尺（1英尺≈0.305米）？还是像你家一样，或者像监狱牢房那么小？我不知道，但你自己应该知道。问问自己：“我的运动舒适区有多大？”如果它很小，那么你必须从现在开始训练你的负重感觉。你需要多做户外运动，挑战你的身心，做一些让你感到具有挑战性而且不是轻轻松松就能完成的事情。这些让你感觉困难的事做起来对你很有好处，这意味着你正在挑战自己。

我认识一个名叫汉斯的人。他当了一辈子工人，多年来一直从事着艰苦的体力劳动，却几乎没有任何身体损伤。他一直感觉很好。直到有一天，他在工作中出了事故。他摔了一跤，左侧身体受了伤。汉斯因此住了院。经过治疗后，他还非常积极地进行了康复训练。经过一段时间之后，他感到自己恢复得很好，可以回去工作了。

后来，他身体的右侧开始感到疼痛（他以前受伤的是另一侧），走路都变得困难。渐渐地，他在生活中和工作时变得越来越小心翼翼。经过医生的全面检查发现：受伤之后，他非常注意保护自己左边的身体。这彻底改变了他的行为方式。比如说即使是自然地使用左手的事情他也只用右手去完成，因为他害怕伤害他的左边身体。总的来说，这些行为方式的改变导致了他身体右侧承担了过多的负担，而左侧身体做的事情又太少。

事故发生之后，他刻意避免使用左臂。左侧身体几乎不做任何运动，不转动左肩，也避免左腿过多地受力。他这么做不是因为疼痛，而是因为害怕引起疼痛，却导致了右侧身体的疼痛。害怕以自然的方式运动让他的身体受到了伤害。如果你非常珍爱某个人或某样东西，那就放手让其自由吧，不要太刻意或过分地保护他。

后来，汉斯得到了专业人士的指导，调整了他的活动方式，使之回到事故发生前的状态，右侧身体的疼痛便消失了。他恢复了体力和精力，也意识到了自己的身体感受和情绪对行为方式会产生影响。用老生常谈的话说：你在生活中所做的运动和感受对你与周围环境的互动起着至关重要的作用。

另一个例子是我的一个好朋友弗兰克。他大部分时间都在车库里做体力劳动。他习惯于运动，并且是以符合人体工程学的正确方式进行运动。有一天，他的公司与一家大公司合并，弗兰克因此得到提升，承担了更多的责任。他的工作内容发生了变化，他80%的时间都在从事文字工作。

几个月后，弗兰克感到腰部、颈部和臀部疼痛。又过了几个星期，他的疼痛加重了。他找过一些专业人士寻求帮助，但疼痛并没有消失。然后，他尝试进行锻炼来增加他的肌肉力量和运动能力。

显然，弗兰克的身体出现健康问题是因为他之前几乎完全停止了体力活动。他过去所做的工作让他的身体经常进行剧烈运动，帮助他保持健康。当弗兰克换到新的岗位以后，他的工作方式不再利于健康。他将大部分的时间都花在了电脑前面。仅仅几个月，他的身体就变成了无意识的身体。弗兰克过去很清楚如何避免受伤，他以正确的方式举起沉重的东西，对自己的身体感知度很高。当他的工作内容发生变化时，弗兰克没有做出必要的调整。不是因为他不想保持健康，而是因为他不知道如何适应新的工作状态。

汉斯和弗兰克的工作环境都发生了变化，并且都没能适应这些改变。他们都必须重新认识自己的身体，从而调整他们的运动模式。我们必须了解和记住的是，我们虽然知道要完成某项任务，但我们并不总是知道该如何使用我们的肌肉和关节来完成它。

也许前面所讲的内容很难理解，但也别就此放弃。让我们继续努力，你一定能够做到。

02

打败你的那座“万里长城”

中国的长城无疑是世界著名的宏伟建筑。但还有另一个对于很多人而言已经建造了多年的“长城”，每年仍有数以万计的人在建造着。我所说的“长城”并不是现实中的，你看不到，但能感受得到。

我曾在工作中遇到一位名叫丽莎的护士。她非常专注于本职工作，也许太专注了。她努力帮助病人，从不逃避挑战。尽管她经常感到身心俱疲，但仍然承担着越来越多的工作。她的职业自豪感和责任心盖过了一切不断地告诉她应该停下来休息的声音。一天晚上，她正在工作时遇到一位重病患，这位病人正处在生死关头。

丽莎受过良好的训练，处理这种情况应该是得心应手的。但那个夜晚发生了她永生难忘的事。就在形势最危急的时候，她却什么都想不起来了。她不记得肾上腺素放在了什么地方，也记不起药柜的密码。最重要的是她找不到她的钥匙。一切似乎都在缓慢地进行着，丽莎的视线慢慢变得模糊。她听到一个同事叫了她好几次，然后她就晕倒在地。

这究竟是怎么回事？丽莎因为睡眠不足和食欲不振而身心俱疲，再加上繁重的工作和巨大的压力，最终让她难以坚持，她倒下时头还撞到了墙上。这件事让她感到无比内疚和忧虑。她的那位病人差一点死于这次事故。自己差点害死了病人，这对丽莎来说简直就是一次毁灭性的打击。

请了几天的病假之后，她感觉自己已经准备好回去工作了，但她的身体却没有立刻恢复过来。她感觉自己就像被汽车撞到了一样，浑身酸痛。她撞上的那堵墙彻底将她击败了。她由于长时间将工作和病人放在自己的需要之前，最终耗尽了体力。

丽莎感觉已经完全失去了自我，但却搞不清楚究竟是什么导致了她的这种状况，也不知道如何解决这个问题。她感到沮丧和痛苦，最终决定寻求专业人士的帮助，评估她的生活状态，分析出她的身体状况与她的负面情绪之间的联系。她很快意识到已经许久没有考虑过自己的需要了。她失去了与朋友之间的联系，工作几乎占据了她的整个生活。

在内心深处，她知道总是值夜班有损身体健康，但她还是会经常代替同事值夜班。现在所做的治疗让她意识到：如果她想帮助别人，必须先把自己放在第一位。继续忽视她自己的需求只会让她无法再胜任工作，甚至毁了身体健康。

你的身体有一种非凡的机制，它可以做一些了不起的事情，但它也会告诉你它的极限在哪里。如果你一直不理会它发出的警告，最终它将自动关闭并进行自我保护。这其实是件好事。这是身体的自我保护机制，但是对于承受这些痛苦的人来说却苦不堪言。

没有人愿意承认他们的能力是有限的，许多人都很享受自己无比强大的感觉，认为自己可以应付生活中的一切。但其实我们每天都会感到恐惧，这也许会让我们对自己感到失望。

人们都会尽量避开那些让自己感觉难受或受伤的感情，这就像我们会想办法尽力避开生理上的痛苦一样。如果你的肩膀受伤了，你就会非常小心地不去使用它。如果你在工作中遇到太多不如意，你就会想到别的事情以转移注意力。这种做法可能会在一段时间内起到一定的效果，但你迟早还是需要面对这些问题并想办法解决它们的。如果你想保持身体健康，做事情就必须把握好尺度，才能让身体保持灵活性和适应性。如果你不学会说“不”，那么在某个时候，周围的环境、朋友或同事的某些举动都很有可能让你的“万里长城”轰然垮塌。

事实上，我们都不是超人，每个人都有极限。你只要能够接受自己不能掌控一切，就不是一个失败者，你只要比一般人强一点就已经足够了！

03

非礼勿视，非礼勿听，非礼勿言

也许你很熟悉这三只聪明的猴子，它们分别是Mizaru（不看）、Kikazaru（不听）和Iwazaru（不言）。猴子在西方常被视作一种讽刺形象，用于形容拒绝向新知识敞开胸怀并接受现实的人。它也常出现在日本艺术之中。

那么这三只猴子和本书所讲的内容又有何关系呢？其实有很大的关系。人们常常拒绝承认和接受现实。相反，我们倾向于粉饰我们的生活，对于不好的事物不看、不听，也不说。

著名作家亨利克·易卜生曾写道："夺走了普通人生活中的幻想，也就夺走他的幸福。"无知是福，对吧？当某些因素给我们的生活方式和身体健康带来某些负面影响，而我们感觉难以面对这些影响时，我们总是倾向于采用回避的态度，而不是去面对它。但是这种鸵鸟策略总是有代价的，我的客户艾米丽就是一个例子。

艾米丽在办公室工作。她在一家公司工作了四年多，她早已适应了自己的工作环境，直到有一天发生了一些意料之外的状况。管理层决定对公司进行一些调整。其中主要的一项就是把所有员工都放在一个开放的办公区，所有人都没有固定的座位。艾米丽的工作环境发生了巨大变化，这令她感到非常不适应。

艾米丽是一个按部就班的人。这些变化使她感到紧张。她以前的办公桌椅令她感到很舒适（她曾经患有肩部疼痛和颈部僵硬）。在开放的工作区，工作环境令她很不舒服。她肩膀的疼痛和头痛症状很快重新发作。最重要的是，她还出现了一些以前从未遇到的其他症状：她的脑子里常常出现“嗡嗡”的响声，而且随着时间的推移，这个声音越来越大。几周后，她在公司医务室接受了检查，被告知可能患上了耳鸣。

你可能曾经也患过耳鸣，这种情况总是会突然出现，“嗡嗡”声通常会在一段时间后自动消失。但是很多人多年来一直被这个问题困扰着，耳鸣严重影响了他们的身体健康和生活质量。耳鸣不是一种疾病，这一点很重要。很多原因都会导致耳鸣，包括喧闹的音乐、大声喧哗，以及像艾米丽遇到的这种情况——由于压力和恶劣的工作条件。

不言而喻，艾米丽很害怕。她以前从未遇到过这种情况。但这种担心无济于事，反而会让症状加剧。幸运的是，她的雇主让她去看了一位理疗师。这位理疗师分析了她的工作情况，认为开放的办公室环境很可能是艾米丽健康出现问题的原因。

当艾米丽拥有单独的办公区域，有她自己的椅子和办公桌时，她可以根据自己的需要进行调节。但是新的办公环境没有固定的座位，不允许她这样做。

另外，之前艾米丽可以根据自己的需要安排工作内容和办公的位置。但公司调整了工作空间之后，她不再有这样的机会。如果她离开自己的位置四处走动走动，让身体暂时摆脱久坐不动的状态，当她回来时，她的位置很可能已经被其他人占了。她只能找其他地方坐。正是这样，让她无法坚持健康的工作习惯，从而导致了耳鸣。

理疗师让她做了一些练习来消除久坐状态带来的影响，帮助她在办公期间进行放松。她的雇主也给她安排了一个固定的座位，这样她就不用一直更换座位了。没过多久，艾米丽就感觉好多了，耳鸣的症状也随之消失了。

像这类问题很难自行解决。当你公司的高层人员决定调整工作环境时，作为员工，你一般无法提出异议，你必须努力适应新的环境并做好本职工作。但有些时候，这会带来一些健康问题，就像艾米丽那样。

虽然开阔的办公室环境可以降低办公成本，看起来是个好主意，但从长远来看，由此造成员工病假而带来的成本，可能会远远超过节省的这点费用。在办公室里工作对人体来说不是自然的状态，但在当今社会，很多人不得不整天待在办公室里工作。稍后我会向你介绍一些可以消除久坐状态所带来的负面影响的方法。

04

正视你的“身体意识”

真的存在“身体意识”（bodyfulness）这个词吗？也许并没有，这是我自创的一个概念。“正念”存在于你的头脑之中，你完全可以意识到。现在有专门的机构教你如何运用它，这很棒，但我所关注的是你的身体，希望帮助你们获取身体发出的信号，并且理解它们。我们的身体会给我们发出很多非常有用的信号。除了理解这些信号之外，你还需要反过来控制你的肌肉。让我们就从这里开始。

如果你做过私人健身教练，有时可能会听到一些很有趣的事。比方说，你让客户做拉力练习、划船之类的，他们会跟你说感觉到了胸部肌肉的力量。那是不对的，因为当你做拉力运动的时候，用到的是背部和手臂的肌肉（当然还有腹肌和腿部肌肉），却并没有用到胸肌。只有当你推的时候才会用到胸肌。那么他们为什么会有这样的感觉呢？也许是因为他们在做拉力练习时伸展了身体，就会感觉到不仅仅是背部肌肉在用力，尤其当你的胸肌很紧张的时候，感觉就越发明显。这说明了他们的身体意识很差，不知道做某些练习的时候用到了哪部分的肌肉。那么，为什么身体意识对于训练如此重要呢？

能够感知并控制你身体的力量，对于完成各项运动、避免伤害非常重要。如果我让你弯曲大腿（前部）肌肉，你不知道如何做，就说明你的身体意识很差，你这方面的能力只开发出了一小部分，也许不到50%。这就像一辆200马力的汽车，由于控制系统出了问题，你踩到油门时车子能够达到的最大功率不超过100马力。

它所带来的影响还不全是对身体力量方面的，它还会影响到你是否可以使用正确的肌肉来完成不同的动作。我并不是说你要强大到可以用你的牙齿拉车（即使我肯定有人这么做）。假如车子没油了，你需要用手推着它走，你会怎么做呢？拉车还是推车？或者试图用甜言蜜语哄着它自己开到几千米之外的最近的加油站吗？

假设你选择推车，那么，你的身体中哪些肌肉最强壮呢？我相信你同意我的看法，它们位于腰围以下：腿部和臀部的肌肉。当然，其他的肌肉（腹肌、手臂肌肉和腰部肌肉）也要用力，但是它们的力量没有那么大。大多数人在试图推动时都会身体前倾，低头，双臂放在头上，臀部翘起，弓着背。你发现了吧，大脑不知道如何有效地使用肌肉，让你的身体浪费了很多能量，甚至可能给你带来伤害。你应该挺胸抬头，也可以稍微弯曲一下胳膊。这样，你推车的时候会就会感觉到更加有力。试试看吧。

身体意识就是关于你对肌肉的意识以及知道如何使用它们，这种意识需要依靠训练来获得。当你去健身房进行力量训练，或者做各项练习，比如俯卧撑、仰卧起坐或者下蹲，就能够训练你的大脑对所有的肌肉的意识，并且知道如何适当地使用它们。你的大脑控制着一切，但是要让它发挥功能，必须让它从头部以下的身体部位得到反馈。如果你大部分时间坐在沙发上或躺在沙发上，你的大脑根本得不到这些身体部位的反馈，大脑将失去对身体的控制力。受到影响的不仅仅是肌肉，你的身体的许多其他重要的器官都会受到影响。

在某种程度上，你被外部管理（或控制），你不能控制你自己的食物摄入量。你以前那样想过吗？被控制会让你感到不舒服吗？谁决定你吃多少？你用多大的盘子进餐？无论盘子多大，大多数人都会把盘子装满，所以买较小的盘子或许是个好主意。

为了得到你的身体发出已经吃饱了的信号，也许你必须“重新布线”。这里是指收集身体分泌的激素。你需要更加清晰地意识到自己的身体，吃饭的时候问自己这几个问题：

我现在的感觉是什么？我缺乏能量吗？我现在需要多少食物？我待会儿要做什么，工作、运动、休息还是睡觉？

我感觉饱了吗？吃这些已经足够了吗？如果我已经不饿了，为什么还要继续吃呢，是心理需要吗？进食是否是为了代替别的什么事呢？让你不断进食的原因是睡眠不足还是需要爱？我吃东西是因为情绪低落或沮丧吗？

更加清醒地认识到自己已经吃饱了可以帮助你停止暴饮暴食，学会控制能量摄入，使之与你的生活方式相匹配。

05

热身运动为什么很重要

你可能听说过，在做剧烈运动之前需要进行热身运动。也许你一直在这么做。如果你对此还不是很熟悉，我向你保证它很重要。这里所说的热身跟晒太阳或在桑拿浴室里感觉到温暖是完全不同的。它们是完全不同的概念。

当你在热身时，会感到很热甚至会流汗，因为运动会使你的体温升高。除此之外，你体内还发生了许多其他的变化：

- 你的肌肉温度升高了。温暖的肌肉让收缩更有力，放松更迅速。这意味着你将能够更加高效地完成更剧烈的运动并且完成得更快，也让肌肉减少紧张感，降低肌肉拉伤的风险。
- 肌肉变得更富有弹性，进一步降低了受伤的风险。
- 你的血管会扩张，血流量加大，心脏搏动更加有力。这样能够减少承担繁重工作量的肌肉的压力。
- 更有效地为身体降温，防止过热。
- 你的血液温度升高，这会使工作的肌肉中的氧气更充足。氧气与血红蛋白的结合减弱，增加了你的耐力。

· 增加了关节柔韧性，使你在训练的过程中不会感到僵硬。

· 分泌出更多的激素来产生更多的能量，使更多碳水化合物和脂肪酸可用于产生能量。

· 头脑变得更加清晰。运动前的精神准备非常重要。清醒的头脑能让你更加容易集中精神。

把你的身体想象成烧烤时用的木炭烤架。人们常犯的一个错误就是在烤架准备好之前就开始烧烤。结果是食物表层已经被烤熟了，里面却还是生的。你的身体也一样。如果你在做好热身准备之前就开始锻炼，锻炼的效果就会很差，锻炼的感受也会很糟。更糟的是也许几个月以后你就会永远放弃了高强度的锻炼。

聪明的做法是花10分钟时间做高质量的热身运动，然后再做一些适当的锻炼。我所说的“高质量”包括能够让你的身体向四面八方（来回，侧面和旋转）伸展的运动。做一些动态伸展也是很不错的。它可以帮助你着重锻炼一天中大部分时间都活动不到的身体部位。例如，如果你坐在电脑前工作，你应该做动态运动，以伸展你的臀部和胸部，因为你几乎一整天都向前弯曲着身体。重要的是，在热身之后，你会感到很热并且开始出汗。这时你就做好了开始运动的准备。整个运动过程的体验都应该是积极的。如果你不这样做，你的运动过程就会非常痛苦。

为了让你更容易做适当的热身，做到以下这几点对大多数人来说足够了：

⊙ 在跑步机上行走。注意不断改变行走时的姿势。向前走、往后走，然后侧身走（先把你的一只脚放在另一只脚的前面，再将它放在另一只脚的后面），然后再正常行走，但先将脚尖向内，然后再向外。

向前走

向后走

侧身走

侧身走

脚尖向外走

脚尖向内走

⊙ 当你对行走姿势感到自信时，就可以进行同样的慢跑训练了。

⊙ 做三个动态拉伸。分别是臀部、大腿后部和胸部。

拉伸臀部

拉伸大腿后部

拉伸大腿后部

拉伸胸部

你真是太棒了！

06

“我疼，所以我不想动”

我在前文中不断强调运动的重要性，在接下来的章节中，我还会进一步说明这个问题。我相信你有很多不想锻炼的理由，或许你的膝盖或者肩膀受伤了，或许你走路超过五分钟脚就会痛，或许你的腰一直隐隐作痛。这些很有可能是事实，但并不能成为拒绝锻炼的借口。我知道锻炼时感到疼痛是非常痛苦的事，我也能理解你因此失去了动力，选择坐在沙发上。这种情况是有解决办法的，稍后我会向你介绍。我现在想讨论的是为何人们总是喜欢强调自己的疾病，并让它成为逃避做某些事情的完美借口。

你一定遇到过一些拿身体不舒服作为逃避某些事的借口的人，或者你就是其中之一？“我腰疼，恐怕不能帮你了”，“我肩膀痛，没办法举重的东西”，“我的脚受伤了，外出必须开车”……不能运动的理由是数不胜数的，而很多人习惯了拿这些作为逃避的理由。可是这种习惯真的很糟。这意味着你已经放弃了生活，只是坐在那里混吃等死。

那么该怎么办呢？答案其实很简单——调整你的身体。你的身体具有惊人的构造。它可以朝许多方向弯曲，也可以用许多不同的方式进行运动。比如，做下蹲或弓步的正确方法就不止一种。如果你做一种运动时感到肩部疼痛，也许换一种方式稍微调整一下就好了。因此，在身体不适的情况下请稍做调整，而不要完全放弃运动。如果你走路超过5分钟或10分钟脚会疼，也许你应该仔细想想你走路的姿势是否有什么问题？或者将行走的时间减少到3～5分钟。我的观点是，没有任何理由可以让你逃避运动。

观察人体的运动就可以发现，每一个动作都可以分解成十个不同的子运动。对这些子运动进行分析，就可以更好地了解运动时应该如何完成每个动作以及身体的各个部位应该如何发力。你就更容易寻找到做不同运动的最佳方法，以避免疼痛并且对动作进行调整。下面的清单可以更清楚地解释这个问题：

· 根据运动目的调整相应的运动方式。比如你步行去商店是为了买东西，跑着去公共汽车站是为了赶上这一班公交车，或者为了从岩石上下来你得往下跳。如果你跑步时膝盖受伤了，为了避免疼痛你可以改为走路。因此，你可以根据要达到的目的调整运动模式。

· 调整运动环境。运动环境是指你做运动的地方。例如，你可以在跑道上、树林里、公路上或者室内跑步。环境会对你的运动产生影响。例如，你在跑步机上跑步的速度与你在树林里跑步的速度显然不同。因此，如果在跑步机上跑步会让你脚痛，也许到树林里跑步你就会感觉好很多。

· 调整身体姿态。身体姿态是指你在运动时所保持的姿势。你是站着、跪着、坐着，还是仰面躺着或侧身躺着运动，等等。如果你在试图站着举重超过你的头顶时感到腰疼，那么坐着做同样的动作可能就会感觉好很多。

- 调整受力部位。受力部位是直接受力并将其传递给身体其他部位的身体部位。例如，在拳击比赛中，受力部位是手臂和肩膀。假设你本来应该做前弓步，但是你的膝盖受伤了。也许你往后撤步就会感觉好很多。或者你可以把脚向内定位，疼痛就会随之消失了。
- 改变运动方向。运动方向是指你运动时是侧身移动还是顺时针方向，向前还是向后移动。你可以随时调整运动方向以避免疼痛。
- 调节你所能到达的高度。你能到达多少高度呢？从地板到屋顶吗？也许对你来说1米都太高。你可以跳50厘米吗？
- 改变运动距离。你能走多远？来回走20千米还是50千米？你可以选择一个适合你的距离。
- 调节负重量。你能承受的最大负重量是多少？这是最容易把控的一个因素。不要承担太重的重量，但是如果你想让自己变得更强壮，负重量也不能太小。选择一个适合的重量进行训练。
- 调节运动速度。你的运动速度是多少？如果速度过快时大腿后部肌肉会痛，跑慢一点就感觉不到了。
- 调整运动时间。你能坚持运动的时间是多长？这也很容易调整。如果你一次很难坚持大负荷短时间的运动，做较小负荷的运动并延长运动时间就会让你感觉好很多。

总的来说就是，每一个动作都可以分解成十个不同的部分。你可以调整每一个部分以缓解疼痛，但疼痛或不舒服都不能成为拒绝运动的借口。

07

技术的另一面

我曾经指导一名女游泳运动员训练了一段时间。去年，我利用一种工具来测量运动者的日常准备度。日常准备是基于生物统计数据，测量出心血管系统、代谢系统和神经系统的各项数据。教练可以根据这些数据制订出日常训练计划，并且帮助运动员在比赛中达到最好的准备状态。

这些数据能够可靠地测量和预测出运动员的状态。问题是反映身体状态的准确的生物和物理信息并不总是与心理或情绪状态相关。正如我们所知，人类并非一台“机器”，如果我们只是基于技术数据来制订运动员的日常训练计划，很可能会忽略其他会带来影响的心理因素。

这名运动员最后决定不参考她的日常准备数据，因为她发现得到的信息过于局限，反而引起了她的焦虑。因此，技术可以成为身体和运动指标的非常准确的信息的来源，但是如果我们过于关注数据，可能会因此达不到运动的目的。

我也曾经指导过一群14～18岁的女孩子健身和锻炼。可以说，这个年龄阶段的孩子使用智能手机比其他年龄的人时间多、频率高。每当我打算将智能手机和应用程序带入教室和健身中心时，我都会思考是否应该这么做。

我的确有许多训练项目都需要借助智能手机和平板电脑来辅助进行，这是一种很好的方式。但我发现它们会分散学生的注意力。

在举重室里，我的两个主要目标是安全和运动效果。如果有的学生盯着智能手机，而他们周围的人都在举重，那么这两个目标都很难达到。

这些现代科技的一个卖点就是节省时间。我在训练时确实也有选择地使用了它们，但并没有因此让我提高了训练效率，从而节省了时间。我一直在寻找不需要开机、充电、设置、更新、连接、备份或修复的工具。虽然这些小任务听起来既快又容易做，但这些任务却浪费了我许多本可以用于计划、思考、沟通或训练的宝贵时间。

当你在对学员进行训练时，你需要一直在场，以便对他们的运动做出调整，给予指导并提供意见。我不可能将教练的这些责任搁置一旁，将时间全都用于摆弄这些电子设备。这意味着所有的技术设置工作必须在训练开始之前完成，并且所有视频或数据分析都必须在训练任务结束之后完成。为了处理这些技术和收集数据，教练的工作时间通常会成倍地增加。一些精英团队会雇专门的数据人员，但我显然没有这个条件。

我的心率和运动监测器上显示着："该起来运动了。"但我看到这个提示之后并没有运动哪怕一分钟。我当然总是感到内疚，并考虑做一些拉伸运动。简而言之，检测器成功地让我对自己感到不满，但却没能成功地督促我采取任何行动。这很有趣，它让我想起了上学时体育课上的那些痛苦经历。

那些在体育课上有过痛苦记忆的人通常会抱怨班上的某个人或某些事让他们感觉多么不愉快。这些抱怨的人很可能因此在成年以后也不喜欢运动。

这非常有趣，因为体育教育的主要目的就是激励人们终身运动，保持健康体魄。

有一个五十多岁的客户来向我寻求帮助。他是一所私立学校的校长、一位作家，在各个方面都非常成功。但他也是在体育课上有过痛苦经历的人之一。他总是需要鼓励才能坚持运动。这让我感到很难过。少年时的经历给他留下了很深的伤害。尽管他完全能够从容地完成那些我不得不一遍又一遍地向他演示的动作，但他就是做不到。没有什么运动检测器或智能手表能够真正帮到他，现代技术和人工智能不可能代替教练帮助他坚持训练和取得进步。

说了这么多，你可能会认为我是一只恐龙，没有能力适应新技术。但情况并非如此。我当然认为应用程序可以作为一种工具在厨房帮助你做饭，但它们不能代替你做饭。我认为科技在健康方面最大的潜力是帮助人们克服久坐不动的生活方式，使人类摆脱懒惰，预防疾病。

世界卫生保健部门每年花费数十亿美元来治疗因为疏于运动而导致的各种生理和精神疾病。丹麦奥尔堡大学的一些研究项目专门为久坐不动的人设计开发出了一套系统。该系统基于一种能够根据不同人体的需要，或针对某些功能性功能障碍，为特定的用户精确地计算出适当的锻炼方法的算法。

结合生物力学、心理学、生理学就有可能创造出这种智能系统。该系统为需要照顾的用户而设计，这套系统已经被嵌入到“每日运动”（Move Daily）App中。我认为这是帮助人们增加运动量的一个非常实用的工具。应用程序解决了核心问题，它可以帮助你离开椅子，进行一些适合你的锻炼。

无论是在理论上还是在实际的设置中，这款App中存储的所有运动模式都是基于严谨的生物力学研究设计的。重要的是，这些练习是有效而且简单的，你甚至不用换运动服就可以随处进行锻炼。你不必去健身房或者专门去买衣服，只需要打开这个应用程序就可以了。

在通常情况下，很难改变人们的行为，让他们变得更加活跃，因为大多数人都喜欢保持自己的习惯。因此，“每日运动”App纳入了经过科学证明的运动模型，采用循序渐进的方式来解决这个问题。因此，当你下载安装好这款应用程序，进行注册之后，你需要输入你的体力活动水平（低、中或高）以及你的年龄，并且输入你的脚踝、膝盖、臀部、脊柱、颈部、肩膀、肘部或手腕部位是否有疼痛问题（疼痛的等级分为1至10级）。

“每日运动”App的目标是在工作日为你安排适当的练习。如果你很少有规律地进行体育锻炼，这个系统在刚开始的3个月内只为你安排有限的锻炼。这将有助于你轻松进入一种全新的活动模式，让你适应白天的体育运动。如果你有身体残疾，它会根据疼痛科学和应用功能科学的原理为你安排适当的锻炼。有一套专门的算法已经被开发并用来控制这些练习。

本章内容概要

- 当你在锻炼时，不仅仅是在锻炼你的身体，同时也是在训练你的头脑。
- 如果你只关注以往的经历，就会因此受到束缚。
- 你的身体意识取决于你的身体健康状况。
- 身体是记忆的一部分，它会记得对你有好处或者会带来坏处的事情。请聆听它的建议。
- 疼痛是一种心理、情感和生理感受。训练你的自我意识有助于疼痛的缓解。
- 聆听你的内心将帮助你了解自己的需求，防止情绪、精神和生理伤害。
- 提高你的身体意识有助于避免受伤，因为它可以根据你身体的真实状况调整运动模式。
- 正视并接受你所处的环境可以帮助你找到最好的解决方案。身体的感受让你看到新的可能性。
- 运动增加了你对身体的了解，探索你的身体活动范围有助于开发出心理和情感新的可能性。所有关于你的身体信息都储存在你的身体之中。
- 你的运动表现可以展示出你对自己身体的信心。你敢跳多高，30

厘米、50 厘米还是 1 米？通过探究你挑战自己时的情感变化，你也在挑战你对自己的信任。

- 如果某项运动让你感到痛苦，请试着改变它的运动模式。

给你的建议

- 让你的生活成为一种游戏。将每天的各项活动都当成让你进行运动的一种提示。把每一个身体的挑战视作让自己变得更加健康的机会。向孩子们学习，从兴趣出发，并经常改变以保持它的趣味性。有目的地进行运动，使其更有意义。
- 游戏：将路面当成岩浆。当你在街上行走时，不要踩在人行道上的任何一条线上，而是要走更短或更长的台阶以避免线条——将它当成岩浆。这可以帮助你开发身体的平衡性、灵活性、节奏感和柔韧性，也能使日常走路变得更快、更有趣。
- 提醒：楼梯。当你每次爬楼梯时，试着改变上楼梯的方式。你可以一步跨一级、两级或者三级。你也可以侧身上去。当然，你必须选择走楼梯而不是乘坐电梯。如果你在第 97 层工作，可以乘电梯到第 90 层，接着自己爬上去。
- 主动接受挑战：你必须把垃圾拿出去扔掉吗？你必须去铲

雪吗？你必须自己将购买的东西从超市拎回家吗？你能蹲下来抱起孩子吗？从现在开始寻找生活中能锻炼身体的机会，而不是有意回避它们。

- 娱乐：你喜欢音乐吗？选择一个你最喜欢的播放列表，让它成为你的锻炼的背景音乐。你可以随着它弹跳、挥拳等。根据音乐的类型改变你的运动方式。随着音乐起舞吧，就像没有人看着一样！
- 目的：不要打开电视，或者事事都找人代劳。你能代别人购物吗？你能去看看你的邻居是否需要帮助吗？你愿意去做志愿者吗？你会惊奇地发现，在这个过程中，你可以从事很多有意义的体力活动，以使你的心脏变得更强壮。

PART 4

身体里看不见的敌人——压力

01

谁都有压力，问题是你的态度

有一项对3万美国成年人进行了长达8年的跟踪研究，研究人员对被调查者提出了如下问题："去年你承受了多少压力？你认为压力对你的健康有害吗？"研究人员通过公共死亡记录分析了研究对象的死亡情况。结果表明：在上一年承受了很多压力的人死亡的概率比没有的人高43%。然而，这个数字仅限于那些认为压力对健康有害的研究对象当中。这说明那些承受了巨大的压力但并没有将压力视为对健康有害的人，不太可能因压力而死亡。事实上，研究数据表明这些人在所有的被调查者中死亡的风险最小，其中包括那些没有承受很多压力的人。

研究人员估计，在他们追踪的8年中，有182000名美国人过早死亡。造成他们死亡的原因并非承受了巨大的压力，而是他们认为压力对健康有害。因此，改变你对压力的态度能够让你更加健康。

改变对待压力的态度，可以帮助身体改变对压力的反应。因此，很有必要重新思考你对待压力的态度。它让你心跳加剧吗？别担心，这只是你的身体在为应对压力做准备。如果你的呼吸急促，也没问题。这能够让你的大脑得到更多的氧气。

正常的生理应激反应一般表现为心率加快、血管收缩。这是慢性压力与心血管疾病相关的原因之一。因此，一直处于精神紧张的状态对健康是不利的。

在一项研究中，参与者被要求将压力反应看作有益的。尽管他们仍然会心跳加剧，但他们的血管一直处于放松的状态，血压并没有因此升高。这是非常健康的心血管系统。事实上，它的表现就像在快乐和鼓足勇气的时候一样。

对待压力的不同处理方式，会带来完全不同的结果。你可能50岁时就患上了压力性心脏病，也可能快乐地活到90岁。这就是最新的压力科学所研究的问题：你如何看待压力。下一次，当你因为紧张而心跳加剧时，你完全可以告诉自己，这是我的身体在帮助我迎接挑战。当你以这种方式看待压力时，你的身体会相信这一点，对压力做出更加积极的反应。

选择以积极的态度面对压力反应，会让自己变得更有勇气。当你能够在压力的状态下与人交往，会让自己变得更有韧性。压力使我们进入心灵深处，让心灵在与他人的交往中寻找到快乐和意义。你心跳加速是在尽力为自己提供力量和能量。当你以这种方式看待压力时，你会表现得更加出色。请告诉你自己，你完全可以应对生活中的一切挑战。请记住，你不必独自面对这些挑战。理解压力能够带来的好处比刻意避免它更有益于健康。最好的选择是去追求生活的意义，然后坚信自己一定能够应对即将到来的一切压力。

02

别将最好的朋友变成敌人

在根措夫特宜家门外巨大的停车场里，一个丹麦男人双膝跪下，双手紧按在胸口上，疼痛难耐，心想："我就快死了。一切就这样结束了。"

当时那人正搬起一些办公室的新家具，准备将它们装进汽车后备箱。这时，疼痛像闪电般击中了他。

然而他并没有死。几分钟后，他意识到了这一点。他活了过来，设法捡起家具，将它们放进车里，然后开车去办公室。

一路上，他告诉自己该跟医生预约了。这已经不是他第一次胸痛了。他的家人提醒过他好几次要去看医生。但在这之前，他都没当回事。

除了胸口痛，他还出现过一些其他的症状，比如发热、喉咙痛、呼吸困难。他还得过一次肺炎。他每天到了下午就感觉很累，暴躁易怒。

当他回到办公室，放下新买的家具时，有些零件不见了。他火气很大，一脚踢开它们，家具被彻底踢坏了。他无法控制自己的愤怒，眼泪涌了出来。他跑了出去，钻进车里，开车离开。他完全被绝望的感觉压倒。这时真的不应该开车。

这个情节听起来很熟悉吧？你也曾经经历过类似的事情吗？你是不是也曾感觉自己随时可能会因为心脏病死去？很多人不知道如何与他们生活中的压力交朋友。我四十多岁的时候，也曾遇到过类似的情况。我仍然记得自己当时是多么恐惧，以及它如何让我的生活成为地狱。过了一阵子，我去看医生。他非常认真地给我做了各项检查。不幸的是，许多人在我当时那个岁数死于心脏衰竭。其实我当时并没有什么大毛病，这些都是压力造成的。问题是，你会开始担心自己的身体，测脉搏，感到头晕、胸痛。这只会使情况更加糟糕。你的压力会越来越大，对生活的影响也越来越大。这是一个恶性循环，你需要从中挣脱出来。解决的办法是试着与这个“敌人”和平相处。

想要使压力成为朋友而不是敌人，我们需要了解一种叫作“催产素”（oxytocin）的激素。因为当你拥抱某人时，它会被释放出来，它又被称为“拥抱激素”。当然，这只是催产素的一个很小的功能。

催产素是一种神经激素，它能够调节大脑的社会本能。催产素使你渴望进行肢体接触，想做一些事情来增进亲密的关系。

大多数人并不了解催产素是一种应激激素。跟肾上腺素会使你心跳加速一样，它也是你的压力反应的一部分。

在应激反应中，催产素促使你寻求支持。它让你将感受告诉别人而不是将其封存起来。你的压力反应试图确保让别人注意到你正在遭受的痛苦，让人们互相扶持。

催产素不仅作用于你的大脑，还作用于你的身体。它在身体中的主要作用之一是保护心血管系统免受压力的影响。它是一种天然的降压药，能够帮助血管在压力下保持放松。催产素有助于心脏细胞再生和治愈压力引起的一切损害。这种激素能增强心脏功能。

问题是，催产素的所有这些生理作用必须通过与人接触和人们之间的相互支持才能发挥出来。与人的交流和接触会使血液中的催产素水平升高，带给你一种满足感，从而减少焦虑，让你感到平静和安全。当你在压力下与他人交往时，会释放更多的激素，压力反应因此变得更健康。你也能更快地从压力中恢复。也许这就是为什么他们说关心别人是给自己的礼物，永远不要停止给予。

你的身体具备压力自我调节机制，这就是人与人之间的相互关爱。关爱他人创造了韧性，消除了压力带来的负面影响。你如何看待压力以及怎么去做可以给你带来完全不同的感受。选择以积极的态度面对压力反应，会让自己变得更有勇气。当你能够在压力下与人交往，你会变得更有韧性。

彼得，就是前面那一个以为自己要死在宜家门外的那个人，他做了18年的独立承包商。2009年，他与妻子离婚，摆脱了一段不愉快的婚姻关系。这使他承受了很大的压力。不久之后，他的公司遭受了金融危机沉重的打击。他的公司第一次遭受亏损。通过长时间的艰苦努力，他终于在2010年扭转了局面。然而，虽然公司已经转危为安，彼得自己的身体却并没有好转。

在公司扭亏为盈后不久，彼得由于紧张和焦虑产生了严重的健康问题。在一次去见客户的路上，他又一次胸痛。他决定给医生打电话。他的医生想为他叫救护车，而他自己开着车去了医院。

到了医院，他因为疑似心脏栓塞而入院。检查结果没有显示任何严重的健康问题。相反，彼得的血压正常。事实上，即使彼得已经43岁了，他的血压仍然是25岁的水平。

当晚，另一位医生告诉他，他们在他的主动脉上发现了一些东西，建议他进行手术。这显然对他是一个沉重的打击。

在接下来的几天里，医生们不确定他到底哪里出了问题。他们不断地让他接受各项检测。他们用硝酸甘油扩张他的血管。五天之后，他们告诉彼得他的身体并没有什么问题。他们让他回家，但是并没有告诉他，他的症状很可能是由压力引起的。从医院回来之后很长一段时间里，彼得一直感到不适：浑身痛。

几年之后，他卖掉了自己的公司——这桩从未真正给他带来过享受的生意。从那以后，他的症状渐渐消失了。彼得不需要医生，只是需要有人告诉他，正是他的工作和压力造成了这一切的痛苦。

也许到目前为止你还没有遭遇诸如不良的关系或失去亲人这样会给你的人生带来重大打击的事故。一旦你遇上了这样的事，身边又没人能够给你一个拥抱，分担你的烦恼，你就得不到所需要的催产素激素来对抗这些负面影响。这种感觉就像在汹涌的海上航行。只要你的船不出状况，一切都安然无恙。但是当它开始漏水时，你就遇上大麻烦了，这很快就会成为生死存亡的问题。将压力变成你的朋友，让它成为促使你向前的动力，发挥出你的最佳状态。在人生旅途中，你需要一艘坚实的船。否则，压力将会成为你最大的敌人，对你的健康造成很大的损害。

我年轻时在事业上斗志昂扬。刚刚开始我的第一份工作时，我很快就取得了成功。在短短几年之间，我升职不少于四次，而且做得很好。我成功了，然而，随着我的升职，工作突然发生了很大的变化。我从一家盈利的公司到了一家工作中处处都充满不确定性的公司。我当时非常惶恐，不得不为了维持我的工作做出许多财务让步。

面对持续不断的压力，我感到力不从心。久而久之，我的生活受到了严重的影响。工作中遇到的问题始终在我的脑中挥之不去。我变得心烦意乱、喜怒无常，总是感到悲观和乏力。我试图独自面对所有的烦恼，但是挫败感与日俱增。我跟外界的接触越来越少，带来的后果是工作让我愈加痛苦，而人际关系也非常糟糕。

我对于工作的热情一扫而空。当我跌到人生谷底时，我知道自己必须做出选择。我必须想办法让自己的生活和工作恢复常态。我必须重新找回我自己，那个我的朋友、家人熟悉的自己。

对我来说，要做的第一步就是真正了解自己当时的感受以及负面情绪背后的真正原因。抑郁、焦虑和压力测试使我能够识别和测量我的情绪，让我能清晰地表达和理解这些消极的状态。这样的理解使我能够有效地管理自己的情绪并寻求正确的帮助。

总之，大量的文献表明，重大生活事件，特别是那些涉及人际关系损失和社会排斥的事件，是抑郁症（MDD）的重要诱发因素之一。事实证明，这些压力源不仅会导致抑郁症，还在一定条件下与各种健康问题的发生或发展有关。这些条件包括一些通过炎症介导的疾病，如哮喘、类风湿关节炎、心血管疾病、慢性疼痛和某些癌症等。因此，我们现在开始倾向于认为压力与炎症有关。

那么，究竟什么是压力？我们平时应该注意些什么呢？也许下面这个故事会告诉你答案：

一位智者曾经告诉一个人，如果他想避免压力，最好在洞穴里冥想度过余生。但是没过多久，这个人就从洞里出来了，原因是洞中的滴水声让他发疯。他完全无法忍受这个声音。

这让我们得到一个启示：无论你做什么都不可能逃避压力，它无处不在。解决的办法不是回避它，而是学会如何与之相处。

03

压力之下，如何轻松入眠

在美国，失眠症总是与长期处于压力之下紧密相关。超过6000万美国人患有失眠症，并且在2000年前后出生的人状况最为严重。美国心理协会进行的一项研究表明，超过50%的人在过去的一个月里因为压力而彻夜难眠。

压力会影响睡眠质量，因为它使你处于挣扎或逃避的心态之中。你的身体对现实或想象之中的潜在危险做出反应，使你的呼吸更快、更浅，肌肉绷紧，血压升高，心跳加速。上述的生理现象都不利于放松，进入睡眠状态。

那么该怎么办呢？当你入睡困难时，肯定会想解决这个问题。如果我只是简单地告诉你不要那么紧张，根本没用。生活有时候就是一场战斗，有太多的事情需要完成和担忧：需要支付的账单、失业、孩子、不好的人际关系、难以应付的房东等。显然，有很多原因会让你失眠。

如果轻松入睡是一件奢侈品，那么它是富人的特权吗？答案是否定的。不需要花费任何费用，就有简单的方法让你的睡眠正常，解决的办法是专注于你的呼吸。当你晚上躺在床上的时候，只需集中精力。长期的压力使你的呼吸变浅，有时甚至让你屏气，你因此得不到足够的氧气。尝试使用深呼吸和缓慢呼吸的方法，注意你吸气和呼气的方式。如果你尝试一下，我相信你会掌握窍门，很快地进入梦乡。

本章内容概要

- 认为压力对身体有害比压力本身更不利于健康。
- 改变对待压力的态度，就可以改变身体对于压力的反应，使你更加健康。
- 如果你不与压力做朋友，它会让你生病，缩短你的寿命。
- 过多的压力会降低你做出合理决策和工作的能力。
- 情绪症状，如烦躁、脾气暴躁、情绪激动、无法放松、感到不知所措、寂寞、抑郁或一般的不愉快都是慢性应激反应的症状。
- 慢性应激反应的症状还包括体重增加、疼痛、腹泻或便秘、恶心、头晕、胸闷、心跳加快、经常感冒。
- 慢性应激反应会让人食量暴增或者患上厌食症，嗜睡或失眠，自我封闭，推卸责任，酗酒，依赖酒精、烟或药物，以及一些怪癖（比如咬指甲）。
- 催产素可以缓解压力，当你感到有压力时寻求别人的支持，身体将释放更多该激素。

给你的建议

- 如果你感到紧张，试着告诉自己："这是我的身体在帮助我战胜这一挑战。"深吸一口气，再慢慢地呼气。
- 当你感觉压抑时，试着告诉身边的人，你一定会感觉好很多。
- 多多与人拥抱！
- 学会说"不"，别让计划之外的事情塞满你的日程表。
- 尽量做自己喜欢的事。

PART 5

疼痛的真相

01

疼痛有时候是幻想出来的

你知道吗？红头发的人比金色或棕色头发的人更能忍耐疼痛？我猜你在想：“亲爱的，我需要去染头发吗？”

爱因斯坦曾经说：“如果一件事情你不能向一个六岁的孩子解释清楚，你自己也不会理解。”因此，让我假设你是一个六岁的孩子。现在，我就是一个正试图向你解释一些事情的成年人。这可能会很糟糕哦。

作为一个普普通通的人，将你的身体想象成一个房间，里面安装了一个警报系统——疼痛。它的作用就是保护你的身体。

假如你被热水壶烫到了手，报警装置就会响起，就像小偷闯进了你的房间一样。你会在身体受到伤害之前将手拿开。几天之内，你会感觉到疼痛。然后，伤口会慢慢痊愈。警报系统就是这样工作的！

然而，伤口虽然愈合得很好，但是你仍然会感觉很疼。即使此时已没有理由，警报系统却还在工作。就好像你房间里的警报系统出了故障，虽然几千米之内都没有盗贼，它仍然在报警。

在这里，警报就是一种慢性疼痛。它的这一作用被称为“敏化”。即使周围没有“窃贼”（组织损伤），它也会持续报警。这就是慢性疼痛通常的作用。

我们的体内没有疼痛受体，但会遭受危险。当你摔断腿或受伤时，身体各个部位都有可能遭受危险。身体组织会向你的脊柱传递危险信号，然后传递给你的大脑。大脑根据这些信号采取相应的措施。

大脑处理这些危险信号并且决定应该采取的相应措施。但是，大脑为了做出正确的决定必须调用之前的记忆。它必须弄清楚：“我曾经遇到过类似的情况吗？它会对我带来伤害吗？”答案取决于各种各样的因素：你之前的经历、你的财务状况、你是否有一个充满爱的家庭。这一切都归结为一个答案：这对我来说危险吗？最后，大脑将会得出一个结论。

但在某些情况下你不需要危险信号也会有痛觉体验。以幻肢痛为例：有些被截肢的人虽然腿不可能接受任何危险信号，但也会有神经痛感。这种情况就像是没有找到盗贼的行迹，也可以发现盗贼一样。产生这种现象的原因是在这些截肢者的大脑中仍然有腿部的记忆存在。截肢者的情况就好比你房间里的警报系统失灵了，再也无法对入侵的窃贼进行报警。这一切都存在于他们的脑海里。虽然如此，存在于大脑里的痛觉会因此而变得不真实吗？不，它只是无法通过核磁共振扫描出来而已。

心理和社会因素往往是我们疼痛的诱因。因此，努力让自己在生活中保持良好的状态，尽可能地与家人保持融洽的关系。我知道他们可能让你感到痛苦，但请尽量慢慢地去改变，将内心的重担放下，多多关注可以让你内心愉悦的事物，去感受生活中的美好，爱你所做的一切，激发大脑分泌的内啡肽——它是人类天然的镇痛剂！

你的身体能产生比药店里出售的任何药片都更有效的止痛药。当你对疼痛有足够的了解，并且能够充分享受生活时，这些天然的止痛药就会释放出来。我并不是说你可以立刻快步如飞了，但至少能够迈出小小的一步。

洛里默·莫塞利教授曾经讲述了一个关于他在澳大利亚的好朋友的故事。顺便说一句，这个故事让他的朋友看起来像个笨蛋。

他的这位朋友总爱在周六进行徒步旅行。有一天，当他走到湖边时，感觉右腿擦伤了。因为之前经常有这些小伤，因此他当时并没有在意。他的身体经历是这样的：危险信号从他的腿传到他的脊椎，脊柱将信息传递给大脑。大脑得出的结论是，因为他之前经常遇到这种情况，但都不严重，因此这种情况没什么大不了的，继续走，它不会带来疼痛。这只是一根树枝的划痕而已。

于是，他来到湖边，准备游泳，然后就倒在了地上。那条“划痕”实际上是被一条澳大利亚毒蛇咬过的伤口。几天后，他在医院里醒来。运气真好，他活了下来！

出院几周以后，他又走在同一条路上。你能猜出接下来会发生什么吗？这次他感觉左腿擦伤了。他的身体经历则变为：危险信号从他的腿到他的脊椎。脊柱传递给大脑关于划痕的信息。大脑这次得出的结论是，上次发生这种情况的时候，他差点死掉。这很危险！不能继续走路了，伤口非常痛。

他停了下来，倒在地上，痛得大叫起来。他查看着周围是否有毒蛇，但并没有找到。然后，他查看自己的腿，预感会发现一条蛇正攀附在上面。但是也没有看到。他所看到的只是一个擦痕，一个被一根小树枝擦到的伤痕！他环顾四周，确保没有人看见他。真是令人尴尬！

这是一个真实的故事。它完美地诠释了前文中提到的大脑是如何解释你的处境的过程。大脑收集你对类似情况的记忆，并基于这些记忆来进行判断：这对我的身体有害吗？如果答案是肯定的，就有可能产生疼痛的感觉；如果没有，通常就不会感到痛。

现在再让我们来看看工作中的情况。在美国，13%的劳动力由于一些常见的疼痛（头痛、背痛、关节炎等）耽误工作。这些常见的疼痛状况是可预防的。绝大多数的生产力损失是由于工作效率降低而不是旷工。你想知道美国纳税人每年要为这种损失承担多少钱吗？61.2亿美元。数十亿美元啊！

让我们记住尼尔·皮尔森[①]对于疼痛的理解："你对事物的认知会对神经系统产生强大的影响。对疼痛神经生理学的了解有助于我们减少疼痛，提高运动能力，减少对运动的错误认知。"

① 哥伦比亚大学教授，瑜伽治疗师。

02

需要知道的事实可能是你不愿知道的

哈利喜欢踢足球，朋友和家人之间一年一度的比赛是他非常期待的事情。几年前，哈利的大拇指在比赛时被球狠狠地打中。他虽然当时觉得很痛，但一开始并没把它放在心上。他确信情况会慢慢好起来，疼痛最终会消失。然而事实并非如此。疼痛一直伴随着他，最后变成了一种慢性疼痛。他想尽办法，但始终没有好转。这大大降低了他使用他的手的能力，也降低了他的生活质量。他再也无法享受在花园里工作的乐趣，也干不了什么体力活了，而这些都是他曾经最喜欢做的事情。

急性疼痛是怎样转变成为慢性疼痛的，这至今仍然是个谜。两个经历完全相同的受伤者，很有可能其中一个人的伤口很快愈合了，而另一个人却不得不承受多年的病痛。即使伤口痊愈，大脑仍然对这种疼痛的经历记忆犹新。

悲哀的是，一旦疼痛发生，我们便没有很多好的选择。虽然医学已取得了长足的发展，但吗啡仍然是对抗疼痛的头号武器。它是有效的，但是吗啡和羟考酮这些阿片类物质是非常容易上瘾的。

但更加糟糕的是阿片类药物对急性疼痛有效，但对于慢性疼痛来说却是无效的。具有讽刺意味的是，长期使用这种止痛药甚至会使疼痛加重。

相信我们完全赞同阿片类药物不是治疗慢性疼痛的最佳方法。事实上，如果你选择了这条路，情况可能会变得非常糟糕。那么该怎么办呢？这是个大问题。如果你患有像哈利这样的慢性疼痛，我想你需要的是有效的帮助，而不是了解什么是无用的途径。

要了解慢性疼痛，你需要了解疼痛和记忆之间的联系。像慢性疼痛这样痛苦的回忆会在你的大脑中挥之不去。但想要消除这些痛苦的记忆也不是完全不可能的。研究表明，也许可以使用神经化学的方法擦除记忆来消除慢性疼痛。

根据美国国家补充和综合健康中心（NCCIH）的知名研究人员的报告，美国有多达20%的人曾经患有慢性疼痛。疼痛可能是我们最害怕的一件事。你可以问问自己和周围的人，大多数人最可怕的噩梦就是要一直忍受某种疼痛。我认为人们对疼痛的恐惧甚至超过了癌症或瘫痪。

纽约大学的研究人员发现了一种用茴香霉素的化学物质擦除过去记忆的方法。我知道，这听起来像科幻电影中的情节，但是，这种化学物质确实能够阻碍神经元需要的形成记忆的受体的产生。

在实验室里，他们在老鼠身上做了尝试。老鼠的记忆被完全抹去了。但问题是你需要选择正确的地点和适当的时间。如果有可能通过从大脑中消除慢性疼痛来治疗慢性疼痛，将让数百万人避免对阿片类药物上瘾，从而挽救成千上万的生命。

社会上流传着一些与慢性疼痛有关的谬论。可悲的是，人们对自己不太了解的情况总想找到自己的解释，并乐于与那些想倾听的人分享他们的“知识”。以下是关于慢性疼痛的五个常见的错误认识：

✗ 痛苦只存在于你的头脑之中

这种说法暗示人们痛苦是由于他们的软弱、焦虑、抑郁或抗压能力差。这是一种错误的认识。你的每一种感觉，无论是触摸、温暖、瘙痒还是疼痛都是由大脑产生的，由大脑对它们进行定义，但这并不意味着这些感觉都是凭空想象出来的，是虚构的。

疼痛是一种真实的感受。你会感觉到它们是因为你的大脑处于保护模式，并且认为你的身体受到了某种威胁。如果大脑接收到足够的危险信号，就会产生疼痛。恐惧、焦虑或抑郁可能会增加你的疼痛感，使疼痛持续，但这些感觉通常只有在慢性疼痛开始后才会发生，而不会事先产生。所以你看，我的朋友，这种说法是跟事实不相符的。

✗ 药物是唯一的治疗方法

这也是错误的。还有其他治疗疼痛的方法，可视化可能就是其中之一。你的大脑从很多不同的来源接收到关于你身体的信息。你的感觉、视觉、听觉等。所有这些信号都将发送到你的大脑，信息被合成。这就是人体对外界感受的美妙之处。

向大脑传送的一个信息来源，比如视觉，可以改变另一个来源所传递的信息，比如危险信号。就拿运动来说，你在运动时会向大脑发送信号，但也会设计行为疗法来减少对运动的恐惧。

知识也是强大的，这是本书有作用的原因。重要的是要理解疼痛不是组织损伤的表现，或者损伤的严重程度。可以这么说，它们是不相干的。正念疗法也是有效的，它可以帮助你承认痛苦，并允许它过去，而不必关注负面情绪。

✕ 组织损伤越重意味着疼痛越严重

信不信由你，即使没有损伤，你也能体验到疼痛，反之亦然。你有可能受伤但感觉不到疼痛。我确信你曾经被擦伤，但你不记得自己是何时受的伤。疼痛不能准确地指示组织损伤。

如果你经历慢性疼痛，损伤可能会在很长一段时间后才能痊愈。神经系统会变得过于敏感，向大脑传递的信号就会被放大。这意味着运动连同焦虑一起向大脑传递出一个强烈的信号，但其实很可能这个运动本身并没有任何危险。

✕ 你应该做一个扫描检查来确定疼痛的来源

我确信如果你经历过疼痛，你肯定会听说过 X 光片、核磁共振或 CT 扫描这些检查项目，尤其是当你经历过腰痛。当然，在有些情况下我们确实需要进行扫描检查（比如你患有肠或膀胱功能的问题，或者你经历了意外事故），但在大多数情况下，这是些检查就是浪费时间和金钱。

事实上，这些扫描检查被过度使用。如果检测到的变化与疼痛无关，还有可能会带来更多的疼痛。有证据表明超过一半的没有腰痛的人群，他们腰椎间盘受损，30 ~ 40 岁之间的人的腰部会有明显的变性（关节炎）症状。尽管如此，他们一点也不觉得腰痛。

扫描检查会告诉你哪里有问题，但你不会感觉到。事实上，腰痛的人在早期 MRI（核磁共振检查）中的检查结果比不做的人差。仔细想想，我的朋友，最坏的情况是，你可以接受你不需要的医疗治疗。一个糟糕的核磁共振检查（显示你有退变的类型）可能会增加你的恐惧并导致疼痛，使它变成一种慢性疼痛症状。（你记得我告诉过你吧，如果你感到疼痛，恐惧对你没有好处。）

✕ 你只需要咬咬牙就能止痛

那不是真的，它不起作用。事实上，斯多葛（一个学派，主张“美德即幸福”“情感源于主观判断”“顺应自然地生活”，这里主要指第三点）人可能遭受更多的痛苦，因为他们不太可能寻求帮助。如果你一直拖着不去看医生，在接受治疗之前，问题可能会变得更严重。治疗慢性病比急性病要困难得多。

你需要知道的事实可能是你不愿知道的。

你现在应该知道疼痛是一种情绪和感觉体验，与组织损伤或潜在的组织损伤有关。慢性疼痛持续 3 ~ 6 个月，使用普通止痛药不起作用。你需要一些更有效但更危险的东西，比如阿片类药物。

在美国进行的一项研究表明，有 13% 的劳动者由于疼痛而不能胜任工作。他们的工作表现很差，主要的问题是肌肉骨骼疾病。

你能猜出是哪种类型的工人有这种情况吗？对，没错，他们大部分工作时间都是在久坐中度过的。经历过疼痛的工人平均每周比感觉良好的工人少工作 4.6 小时。头痛导致每周工作时间减少 3.5 小时。关节和关节炎疼痛导致每周损失 5.5 小时。在美国，这是巨大的成本，确切地说就是 612 亿美元的经济损失。

事实和知识都有可能以好的和坏的方式起作用，不幸的是，有很多人选择后者，生活中充满了这样的例子，因此本节的标题是，需要知道的事实可能是你不愿知道的。有些人可能会用错误地的观点阅读这个标题，认为因为他们有慢性疼痛就应当解雇这些人。但这不是我想表达的意思。好的工人很难找到，他们应该得到良好的关照。久坐才是害群之马，应该在所有的工作场所被消除。

一些简单的体育运动有助于缓解甚至治愈疼痛，因为经常活动可以减少你对疼痛的敏感度。

我们前面提到的那款“每日运动”App正是专门为此设计开发的，它对于找到正确的疼痛缓解练习特别有效。

03

需要往往是被制造出来的

疼痛对人们的影响巨大。疾病、疼痛和疾病感知是人们使用卫生服务的主要驱动力。知道如何利用它的大有人在。我们经常在报纸上看到有一种治疗慢性疼痛的新方法——某种产品。但这些事情有多频繁？有句谚语说：“当某事因听起来太好或太糟糕而让人觉得不可能是真的时，它可能是真的。”

我们现如今有如此之多的治疗慢性疼痛的药品和方法。但请你问问自己：既然我们有这么多的办法，为何身体的疼痛非但没有减轻，却越来越厉害了呢？

这是一个悖论。是的，我知道我们经历了更多的痛苦，因为地球上的人比50年前多了。更多的人等于更多的痛苦。然而，我们正在以错误的方式解决这些问题。所以继续阅读吧，朋友。

我们仍然被慢性疼痛困扰着，因为疼痛是一种复杂的现象，通常需要心理、身体和社会多管齐下。这是一个棘手的问题。我们都是不同的个体，常常需要不同的方法来解决我们持续的疼痛问题。

家庭不和、感情受阻、工作不顺心、患上了抑郁症、熬夜、消瘦、食欲不振、亲子关系紧张……任何事情都可能引发慢性肌肉或骨骼疼痛障碍。这个问题需要受到更多关注。

我们应该如何在这痛苦的丛林中艰难前行？我们如何怀疑科学家、医生或其他专家在肌肉骨骼疼痛领域的主张？首先，我们需要尽早学习相关的科学知识。不仅要接受疼痛科学的教育，还需要具备判断真伪的能力，不要轻信那些巧舌如簧的推销员和售货员的话。

慢性疼痛患者通常愿意尝试各种方法来缓解疼痛。记住，如果有人设法想出一些聪明的方法（或产品）来永久消除慢性肌肉骨骼疼痛，他会：

· 可能是最富有的人。

· 赢得诺贝尔奖，两次。

· 出现在每个国家的报纸上。

· 可能成为最伟大的人。

虚假需要一些手段来掩饰。正如挪威理疗师莱纳特·本特森先生曾经讽刺地宣称的那样："我们先让正常的人得病，然后想办法治好他们。"

本章内容概要

- 洛里默·莫塞利和大卫·巴特勒在书中对于疼痛的解释:“所有的疼痛都是由大脑产生的。这并不意味着它不是真实的,相反,所有的痛苦都是真实的。”
- 尼尔·皮尔森对于疼痛的解释:“疼痛并不是对身体中发生什么的准确指示。”
- 尼尔·皮尔森对于疼痛的理解:“你的神经系统会产生‘止痛药’。这些化学物质比你了解的危险的化学品强大得多,也比任何止痛药更有效,没有副作用。你不能刺激你的神经系统释放这些化学物质。”
- 贝丝·达纳尔认为:“疼痛触发情绪反应。你的情绪反应可以决定你的疼痛是加重还是减轻。”
- 洛里默·莫塞利博士说:“如果我们相信我们处于危险中,神经免疫系统就会上调预测反应。”
- 洛里默·莫塞利博士认为:“痛苦会进入意识。大脑不会产生疼痛。”

给你的建议

- 不要轻信任何承诺“消除疼痛”的产品或方法，因为他们根本不存在。所谓的“疗效”只是暂时性的。
- 如果治疗师、医生或其他健康专家将你的疼痛归结为“不良姿势”“非对称骨盆”等，对此要持怀疑态度。世界上所有人的身体都不对称，这很正常。
- 当产生慢性疼痛的原因被概括为一个简单的因素时，这个因素往往是想要向你提供产品或服务的公司或个人提出的，请对此保持高度警惕。

PART 6

没有最好的姿势

01

压根没有“不能运动”这回事

许多理疗师、按摩师以及私人教练等所谓的专业人士都建议你要保持身体平衡。轻微的身体缺陷都被认为是非常危险的，必须进行相应的治疗。长短腿或者背部高低不齐都非常糟糕，需要立刻进行矫正。但这种观念并不正确。你可能会因此刻意避免一些日常生活中自然的身体活动。

专业医生通常会建议那些肌肉骨骼系统不平衡的患者避免进行某项运动。患者通常会接受一些测试，比如保持某种身体姿势的最长时间，或者能够在腿部压力机上承受的最大压力，等等。问题是这有用吗？你是否能够在保持身体不动或者只使用一个身体部位的情况下，完成所有的家务劳动或其他类似的活动呢？当你和孩子们玩耍的时候，你是否会背部着地躺在地板上呢？你走路的时候可以只用一条腿吗？保持静止不动或只对一个身体部位进行测试，又怎么可能完全了解你的运动能力呢？这种测试根本没有任何意义。

其实，对你的身体而言并没有什么运动是危险的。那些日常生活中自然的活动，无须经过特殊的训练并且不会过度进行，它们又会对你的身体造成什么危害呢？人们出生时背部多多少少都有点弯曲，或者有一条腿比另一条腿长一点。这些问题并非后天的运动造成的。一百年前的人们是否会因为这些原因就不做体力活了？我想那是不可能的。我猜当时的人们根本就不知道，而且也不在乎这些。他们会因为两条腿的长度稍有不同就选择卧床不起吗？今天很多人选择盲从别人的观点，而从不听从自己的身体。现如今，腿部、膝盖或背部的一些小小的缺陷都被当作疾病来进行治疗。人们正在花很多钱寻求实际上并不需要的治疗。

适当的训练在大多数情况下都比按摩更有效，尤其是身体前后、左右移动和旋转的训练。这种训练也叫“3D训练”。事实上，你应该训练自己去应对生活中的各种挑战，否则你将会变得越来越脆弱。如果仅仅因为两条腿长度稍有不同，你就经常告诫自己某些动作是危险的，那么你的生活质量将会大大降低。它将成为你整日在沙发上消磨时间，既不健身也不外出的借口。许多人喜欢找这些借口，因为他们懒惰，而且没有受到过来自外界的惩罚。你可能可以暂避一时，但最终将为此付出巨大的代价。

事实上，没有任何借口能阻挡我们运动，因为总能根据自身的情况找到我们可以完成的运动项目。这就是所谓的“调整”。以背部受伤为例，你完全可以完成向左旋转或者向右旋转的动作。当然，旋转时你需要非常小心，因为伤痛会增加你的恐惧感，让你神经紧张。你必须做的是尽管感到疼痛也要找到解决办法来进行锻炼。

我们的身体可以在三个维度上进行活动。如果你在一个维度上行动受限，完全可以通过其他的维度进行补偿，以避免疼痛或不适感。如果你身体的某个部位因为过度疲劳而感到疼痛，比如长时间跑步、重体力劳动或者锻炼过度，你会对该运动模式产生恐惧感，害怕再次进行这些运动。恐惧感让你神经过敏，使你对并没有危害的活动也感到害怕。

有一项研究对脊柱或肩部功能障碍与疼痛之间的联系进行了调查。研究人员通过核磁共振检查了一些肩膀和背部疼痛的患者的脊柱和肩部。研究表明，疼痛与实际功能之间没有必然联系。这就意味着造成疼痛的可能更多的是心理问题。

那么你能做的就非常简单了！如果你在转动脊椎时感到疼痛，就可以向前后或左右两侧运动上半身。然后，你可以慢慢地开始增加一些旋转的动作。但需要注意的是，当你进行锻炼时，一定不能有超过以下评分表中3～4级的疼痛感等级，而且锻炼之后，疼痛强度也不应该有所增加。

疼痛评分表

疼痛等级	评分	症状表现	
无痛	0		无痛
轻度疼痛	1～3	1	静卧时不痛，翻身咳嗽时疼痛
		2	咳嗽时疼痛，深呼吸时不痛
		3	静卧时不痛，咳嗽、深呼吸时疼痛
中度疼痛	4～6	4	静卧间隙疼痛（开始影响生活质量）
		5	静卧时持续疼痛
		6	静卧时疼痛较重
重度疼痛	7～10	7	疼痛较严重，疲乏，辗转反侧
		8	持续疼痛难忍，全身大汗
		9	剧烈疼痛，无法忍受
		10	极疼痛，生不如死

如果你的脊椎在三个维度上都感到疼痛不适，那么你可以以站立的姿势

慢慢地向各个方向摆动你的右腿或左腿。你可能并没有注意到，脊柱及其周围的结构也会随之运动。因为身体是一个整体，各个部分是有机地连接在一起的。

三维运动示例

多年来，我在帮助客户进行锻炼的过程中也一直采用这种“根据疼痛感进行调节”的方法。我还记得一些通过几次锻炼就帮助人们大幅度提高生活质量的案例。例如我曾经在自助餐厅里见到一位女士不停地敲打她的右肩。于是，我寻问她肩膀是否有什么问题。她说自己也不知道究竟是什么问题，核磁共振检查结果显示没有任何异常，只是有些自然退化。她还告诉我最近一直在接受按摩治疗。然而多年来按摩、针灸和抗炎药对她的健康都没有任何改善。我很自然地问她是否曾经尝试过进行体育锻炼。她的回答是否定的，因为尽管核磁共振检查没有显示出任何异常，她的医生还是禁止她进行任何肩部运动。于是我决定帮助她做一些训练。我让她双手以肩高贴于墙面，并保持这个姿势，然后臀部在三个维度上移动，每个维度上持续30秒。她立刻感到身体活动更加自如，肩部的疼痛感也大大得到了缓解。

在接下来的几个月里，我一直跟踪她病情的发展。我们每周都进行锻炼，直到她能够毫无疼痛感地运动肩膀。如今，这位女士每周都要在健身房进行几次锻炼，而且不再感到疼痛。她知道这对保持身体健康以及维持肩部功能都非常重要。她有时还会因为肩关节的问题与我联络，但这些问题几乎都出现在缺少锻炼时。这就进一步证实了坚持锻炼对于保持身体健康的重要性。

在我们的日常工作中，腰部以下的问题是很常见的。大多数人在工作时都会长久保持坐姿，或者即使在闲暇时也缺乏运动。许多客户希望我能够靠施展魔法，减轻他们身体的痛苦。但是当他们听说自身的不懈努力才是减轻痛苦的唯一途径时，他们中的大多数人都感到无比惊讶。告诉客户我的目标，尽可能少地与他们交谈，而只是让他们明白我希望他们的身体状况尽快得到改善，这非常重要。在大多数情况下，我们无法通过检查找到原因，这就说明我们的日常生活习惯出现了问题。当我问我的客户他们一天中在什么时候感到疼痛，经常得到的答案是在久坐或带来很大精神压力的工作之后。针对这些情况，我总是建议他们使用我之前提到的那款“每日运动”App。这个软件可以为他们每个人选择最适合的锻炼方法。

久坐不动已经被证实与背部和颈部的疼痛有关。改变坐姿或者通过有效的三维运动打破这个姿势，你的身体状况就会立刻得到改善。此外，它还能帮助我们有效预防许多不良生活习惯导致的疾病。

适当的运动是你的身体和心灵最好的“护肤品”。它能够让你充满活力、身心愉悦，并且帮助你提高睡眠质量，让你的健康状况得到极大的改善。

在一般情况下，人们认为身体应该处于良好的平衡状态。这里所指的平衡状态包含多个层面，而生物力学关注的是现实世界中的平衡。临床医生经常谈论静态平衡，比如你双脚同时站立时，或者以一条腿站立时保持的平衡，等等。单脚站立试验是经常被用作衡量平衡能力的一种方法，这说明良好的平衡感非常重要。当你改变身体姿态时，即从座位上起身、走路、跑步、爬楼梯或者骑自行车时，平衡感便会发生相应的变化。

接下来是保持动态平衡的情况。这指的是身体在失去平衡时，需要有效地恢复平衡的情况。从理论上讲，我们可以将来自四肢的加速度用于恢复平衡。我们称之为“反运动”。最后，步行可以认为是身体的平衡一直从一条腿向另一条腿转移的过程。比如，冬天我们不小心踩在滑溜溜的冰面上，会意外地失去平衡感而差点跌倒，但也可以随之设法恢复平衡。

在你采取“反运动”时，你的上半身肌肉必须具有足够的力量将加速度从手臂或自由腿转移到支撑腿上。同时，我们还必须全身协作完成这些动作。这就需要我们的身体具备良好的协调性。我们的神经系统具有的内在协调机制让我们能够完成身体的微调。例如，在我们滑倒或被绊倒时会瞬间产生的神经反射，使支撑腿立刻蹬离地面。总之，这意味着只有当身体的各部位都具备了足够的力量和协调性时，才能有效地运动并对各种情况做出适当的反应。这一点在对老年人以及职业运动员进行的平衡训练，尤其是在诸如泡沫垫或摇摆板这些不稳定的表面上进行的障碍训练的经验中已经得到了证实。

如果我们的身体是完全一样的，那将是一个多么无趣的世界啊！正是人体的多样性使世界如此精彩。无论你认为自己的身体有什么缺陷，都应该为它感到骄傲。尽可能地使用你的身体——不要害怕——我向你保证。它就像一个美妙的工具，远远超出你的想象。除了不能飞以外，你几乎无所不能。

02

3D不仅仅存在于动画片中

当听到“3D”这个词的时候，你可能想到的是一部需要戴着可笑的眼镜观看的电影。（我承认自己不太喜欢这类影片。）但是本书中提到的“3D”是指身体运动的方式。大多数人从未想过这个问题，他们只是忙于自己的事。有趣的是，这种运动方式是我们与生俱来的东西。但不知何故，我们长大以后渐渐习惯了久坐不动的生活方式，便将它抛之脑后了。也许我们应该像儿时一样跟随我们身体的本能，以任何可能的方式运动我们的身体。

让我给你举个例子，我想很多人会在他们的生活中有同感。丹，让我们称他为一个正常人，过着和其他人一样的生活。他在销售部门工作。工作时间几乎都在办公室或汽车里度过。这期间，他显然长时间保持坐姿。下班后，他开车回家。他一周开车去几次健身房，因为他知道锻炼对他非常重要，而且他也爱好运动。他最喜欢的运动是骑自行车。冬天的时候他在健身房里骑车，夏天他喜爱在户外骑车。所以，八小时的工作时间里，他坐在办公室里，之后他又以同样的动作继续坐在自行车上。他的呼吸很重，大量出汗，但运动之后感觉自己非常舒服。然而带来的结果却是肩膀和背部的疼痛，这让他痛苦不堪。他去看过医生，医生没有发现任何问题。他的血压正常，血液状况良好。医生告诉他每周进行锻炼非常好，他的疼痛也许是精神压力导致的。

丹起初并没有感到压力很大，但当医生这么说时，他怀疑这就是症结所在，并且因此突然感到非常紧张。医生因为丹有时疼痛得无法入睡而给他开了安眠药。

那么，这个案例中的问题是什么呢？好吧，让我告诉你。丹的医生对他的治疗只是治标不治本，不仅没有帮助，还适得其反。丹的问题很可能是他的一维生活方式引起的，并非来自精神压力。他没有顺从身体的需要，导致了肌肉疼痛。他需要减少坐着的时间，做一些其他类型的运动，而不要总骑自行车。他应该让体内的肌肉全方位运动起来，就像小时候一样重新回到一个立体的状态。

03

装载和发射

我知道，“装载”和“发射”听起来像是出现在动作片里的词。但我在这里用它们是为了讨论如何使用肌肉进行动态运动。你小时候玩过弓箭吗？如果没有，你至少在电视上看到过吧。你必须先把弓拉满，箭才能被射出去。当你进行动态运动时，也需要类似的装载和发射的过程。现在让我给你举个例子。如果你想击打什么东西，比如一堵墙什么的（当然别真的那样做，你可能会因此伤到手或其他的身体部位），你需要先将手臂拉回身体（这就是装载过程），然后再将它快速向前击打出去（这就是发射过程）。

身体中的肌肉除了能够保证人体的自由活动之外还具有更多的功能。它们对人体的健康有着很大的帮助。当你长时间地坐着，比如晚上坐在电脑前或坐在沙发上看电影，你的身体就不会或很少进行动态运动。这就是我们所说的“静态位置”。如果很长一段时间保持这种状态，你的肌肉就可能开始感到疼痛和紧张。动态运动非常重要，因为连接关节的肌肉能够有效地增加血液循环，促使营养物质进入并将代谢产物排出体外。我们可以将肌肉看作一个巨大的分配系统的重要组成部分，这个系统为身体各个部位提供营养物质并清除垃圾。但是肌肉只有在被使用时才会发挥这个功能。在肌肉不被使用的情况下，整个分配系统的工作效率就会很差，因为这时肌肉没有发挥作用。

那么，如果你长时间缺乏运动会带来什么后果呢？比如长时间坐在电脑前、开车回家或坐在电视机前的沙发上。嗯，你会遇到麻烦的。首先，一段时间后，你的关节很可能会发炎。炎症是血流不畅所导致的直接后果。其次，你的关节会迅速退化，患上关节炎。事实上并没有什么正确或错误的坐姿。不论采用什么样的坐姿，久坐都对你有害。你需要使用肌肉加快血液循环，从而激发营养物质在全身的分配，并排出代谢产物。

下背部疼痛已成为人类常见的病痛之一。它除了会给患者增添烦恼，还会严重影响他们身边的人，而且没有什么有效的解决办法。当你在经历下背部疼痛时，很难准确地判断出症结所在。这就是为什么你去就医时，医生总是告诉你那是“腰痛”。但“腰痛”究竟是什么？虽然听起来像是诊断结果，但实际上却并非如此。“腰痛”只是对几乎不可能找到确切原因的下背部疼痛的一种统称。但听起来不错，我承认。有趣的是，当我们感到疼痛时，我们都要去就医。我们希望从医生那里得到答案，并以此为借口不去工作或者完全停止运动。

在大多数情况下，下背部痛的原因是非常复杂的，很难确切地知道病因。但它却有助于肌肉的活动。它能够帮助激活肌肉群，使它们变得更强壮。身体的动态运动将促进血液循环。尤其对于腿部，它可以促进血液从腿部流回心脏。信不信由你，当你腿部的肌肉运动时，血液循环会急剧增加，血液会流回背部，使背部疼痛奇迹般地得到治疗。

我可以说，动态运动——即前面提到的装载和发射过程——是你能够找到的最好的药物，而且没有任何副作用。无论是背部疼还是关节疼，这都是防治的最好方法，并且没有任何不良后果。（是的，信不信由你。）除此之外，这会让你变得更加专注。如果你久坐不动，盯着屏幕看好几个小时，你很快就难以集中注意力。但是，如果在此时稍作休息，四处走动，促进血液循环，或者做一些简单的运动，你就可以更加有效地工作。研究表明，它可以帮助你提高5%的工作效率。

好了，现在你已经明白了运动所带来的好处。让我们进一步增加运动量，每星期做几次力量性的锻炼。举重除了可以使我们变得强壮之外，还对我们的身体健康有很多益处。美国运动医学学院建议我们定期进行力量训练，选择锻炼身体肌肉的运动。（提示：人体最大的肌肉群在腹部下方。当你蹲下来弯腰捡东西时，你就会用到它们。）有一个常见的错误是锻炼时选择的重量不够。但究竟需要多少重量呢？那当然是因人而异的，取决于你具有多少肌肉量，以及大脑是否可以支配它们。你对此并不了解，对吧？没关系，你可以根据以下法则进行判断：

- **如果你在该重量上每个动作最多只能完成6~12次，那么这个重量就足够了。**

举重不仅仅适合那些希望变得强壮的人。它对所有人来说都很重要。力量训练有助于降低血压，保持健康的体重，增强你的自信并保持健康的体魄。我坚信你虽然赞同这个观点，但却认为没有必要去健身中心进行锻炼。这毕竟花销很大。那么，你非得去吗？答案既是肯定的，也是否定的。不明白吗？好吧，让我来详细说明一下。

你的力量训练需要有一定的负荷从而让身体更加健康，而且这个负荷必须足够。这不仅仅是为了锻炼肌肉，也是为了使骨骼更加强壮。如果你想让你的骨头保持强壮或增加骨骼密度，你需要举起比较重的东西。没办法，负荷更大才能使骨骼和肌肉更加强壮。如果你从事的是重体力工作，那当然很好。但我们大多数人都不是重体力工作者，我们几乎整天都盯着屏幕，上下班走走路都算是一种体力活动了。乘坐公交车或者打车，或是泡杯咖啡什么的更谈不上体力消耗了。如果这就是你平常的工作状态，那么你就需要去健身中心做一些力量训练。

我不得不非常抱歉地告诉你：别再自欺欺人了。这就是大街小巷都会出现各种健身中心的原因。现代社会的人们需要它们。对许多人而言，健身中心是唯一能满足锻炼身体的需求的地方。在这里可以补充因现代科技发展而逐渐消失的繁重的体力劳动。去健身的好处在于你不需要每天长时间从事体力劳动，但前提是你在进行力量训练时必须选择足够的重量。

如果你还不相信，那么我再告诉你：力量训练能控制你的血糖，减少患Ⅱ型糖尿病和心脏病的概率。随着年龄的增长，它可以帮助你保持体力、增强体质，可以完成诸如滑雪、远足、登山和游泳等你喜爱或曾经喜爱的运动，或者只是完成一些相对简单的事情，比如爬楼梯、从地板上捡东西，或者快摔倒时恢复身体平衡，等等。换句话说，就是帮助你拥有正常而充实的生活。

04

我们的身体内部究竟发生了什么

当你的身体在进行某项活动时，身体内部也在发生许多变化。虽然你看不到这些变化，但请相信我，变化确实存在。你的一些内部系统正在工作，你的身体产生了更多的热量（很快你就开始出汗了），消耗了更多的氧气并产生了更多二氧化碳，更多储存的葡萄糖和脂肪酸被提取和使用，血压也随之升高。

除非你正在进行重体力活动并开始流汗，否则你不会注意到身体所发生的变化。有趣的是，汗水是你唯一能看到、触摸到的东西，因此人们常说“我正在排出酒精”，“我正在排出寒冷”，“我正在排出感冒”，“我正在排出脂肪”，等等。

让我再说得清楚一点：其实能随着汗水排出体外的只有水分、盐、尿素、信息素和白蛋白（血液中的一种蛋白质）。在进行锻炼时你会出汗是因为出汗可以调节体温。天气炎热或潮湿时你会出汗也是由于同样的原因。穿着厚厚的衣服或在高温的地方运动不会让我们排出身体里的脂肪。虽然你大量出汗，但那只会让你感到口渴。有些人出汗比别人多，但那是遗传、性别、年龄和健康水平等因素导致的。你也许已经注意到了，运动时男人比女人更容易出汗，而女人的脸更容易发红。

如果你在久坐的工作中稍作休息，活动活动，这在接下来的两小时中都会给你的身体带来积极的影响。甘油三酯和血糖水平都会下降，给你的身体带来好处。肯定有人告诉过你，低强度的运动会帮助“燃烧脂肪”。“脂肪燃烧”这个词现在非常流行，甚至被戴上了一个巨大的光环。但是这个说法并不科学。从技术上来说，脂肪是不会“燃烧”的。它只能从你的脂肪细胞中被释放出来，分解成脂肪酸和甘油。甘油会被输送到肌肉中进行代谢。你需要的能量越多，所使用到的储存在身体里的脂肪就越多。即使你发热并开始出汗，脂肪也不会“燃烧”。

我很讨厌曾经在一件T恤上看到的这样一条标语：“流汗就是你的脂肪在哭泣。”我承认它很吸引眼球，但却是一派胡言，这样的说法只会让人们误以为出汗的过程除了排出汗水之外还能排出什么别的东西。

肝脏是脂肪酸代谢从而产生能量的主要场所。但正如前面提到的，脂肪酸也可以在肌肉中进行代谢。脂肪酸进入肌肉细胞的线粒体中，等待转化为能量。线粒体将脂肪酸分解为乙酰辅酶。它是柠檬酸循环的一个重要组成部分。所有释放出来的能量被储存在一个叫作ATP的分子磷酸盐键中。ATP是能量储备场所，为你身体所有肌肉运动提供所需的能量。在能量代谢的过程中产生的副产品是二氧化碳（呼出时能从肺部排出）和水。

我知道，上面所说的这些内容专业程度很高，比较难以理解。不过，你完全不用担心，你需要明白的是，身体是一个非常复杂的有机体。在我们的身体里包含着许多内部变化。出汗并不代表着燃烧脂肪，它只能表明你在剧烈运动。你的运动越剧烈，体温就越高，出汗只是为了帮助降低皮肤表面温度而已。

千万别以为坐在阳光下或在桑拿房里时，大量出汗就是在大量消耗能量。这只是身体在进行体温调节。因此，如果你剧烈运动，即使室温很低你并没有出汗，也是在消耗体内的脂肪。

你还需要明白的很重要的一点是，即使你进行的运动没有像瑜伽、普拉提、拉伸等那样让你大量出汗，也不是在浪费时间。你仍在塑造一个更加强壮而健康的体魄。

记得要及时补充水分。尤其是在你进行体能训练，大量出汗的情况下，如果你脱水了，你会感觉很不舒服。但这并不意味着你必须时时刻刻喝水。我还记得瓶装水刚开始在挪威市场上销售时的情景。要知道挪威有非常干净的水源，人们完全可以直接饮用自来水，根本没必要喝瓶装水。但瓶装水的销量仍然很好。为什么呢？因为挪威人都太有钱，没地方花吗？不，事实并非如此。瓶装水的生产厂家想出了一个极好的营销策略，使许多挪威人相信每天饮用好几升水有益健康。虽然这个饮用量远远超出了人体的需要，但人们仍然随身携带水瓶。问题是超量饮水对身体并没有好处，甚至可能会有害。越来越多的人因此出现了膀胱问题，严重的甚至开始小便失禁。

美国运动协会建议在运动开始前2～3小时饮用600毫升水；刚开始运动时饮用200～300毫升水；在运动的过程中，每20分钟饮用200～300毫升水；运动结束之后半小时内饮用200～300毫升水。这样就足够了。记住，如果你在温暖潮湿的地方锻炼身体，你需要饮用更多的水。此外，你还可能需要适当地吃一些咸的东西来补充矿物质。

一个有趣的现象是，如果你头天喝了酒，第二天醒来时就会感到头痛，是因为酒精刺激损伤了你的大脑吗？或许吧，但更确定的是，那是因为酒精会让你的小便增多，导致体内矿物质流失。如果你在睡觉前吃些咸的东西，就会感觉好很多。但是千万别误以为我是在鼓励你贪杯，因为无论如何饮酒都有害健康。

也许你对上面讲的这些内容并不感兴趣。没关系，我只是希望让你稍稍了解自己身体内部发生了什么。请切记：生命在于运动，静止带来死亡（或等待死亡）。因此，朋友们，让我们继续努力吧。

05

身体里的连锁反应

你身体的所有肌肉都被一层称为“筋膜”的膜包裹着。你可以把它看作皮肤下的一把大伞。筋膜可以确保所有的体内组织都能够处于正确的位置，起固定作用。没有健康的筋膜，你所有的骨骼、关节和肌肉都不可能正常地发挥作用。筋膜不仅起到固定作用，还能将身体各个部位分隔开来，使他们互相协调运动。

我知道这听起来很复杂。简单地说，筋膜就是一个起固定作用的“包装袋”。有些人的“包装袋”天生就不牢，而另一些人则是因为经年累月地重复同样的动作，没有合理地运动身体部位而使它受到了损坏。无论是上述哪种原因，都可能使骨头和关节移位，从而引起不对称的运动模式。出现这种情况，你的肌肉和关节就不能协调工作了。

轻微的不对称是完全正常的，你不必担心。每个人都会有所差异，几乎不存在完美的体型。以我自己为例：我的左髋关节有些僵硬，但这并无大碍。我哥哥也有点驼背，但是由于他积极的生活方式，这点身体缺陷几乎没有对他造成什么影响。

但是如果因为你身体有些不平衡，专家建议你应该注意某些动作和运动，你就完全停止了锻炼，许多问题就会随之出现。久坐不动对于人体的平衡能力、协调性和做简单动作的能力等许多方面都会产生巨大的影响。更讽刺的是，人们在度假时，身体终于可以放松下来，但此时身体受到的伤害却是最大的。对我而言也是一样。虽然我很清楚锻炼的重要性，并且每天都坚持锻炼，但在假期里我大部分时间都不怎么动，每天的运动仅仅是从户外回到室内，然后去餐厅。这非常不利于健康，几周以后我就会感觉到不舒服。记得十年前，我在澳大利亚度假。当时，我们从南部的阿德莱德开车到北部的达尔文，全程都在车里坐着。两周之后，我的腿就开始疼了。这是我以前从未感受过也从未想象过的痛苦。我很担心，但直觉告诉我必须起来活动，不能再坐着了。于是，我下车跑步，疼痛感立刻消失了。这又一次有力地说明了“运动是最好的良药”。

久坐不动会影响你的体态和肌肉，因为在这个过程中地心引力总是试图将你拉向地面。你一定听说过，宇航员长期待在太空中，会有许多肌肉萎缩，因为缺乏重力会对肌肉造成很大的伤害。没有了持续的拉力，你不再需要用肌肉来保持身体姿态。你以前肯定很少意识到重力的存在（大多数人只是蹦极或带着降落伞从飞机上跳下来时才会意识到），但重力能够保持肌肉强健，这正是我们努力想要做到的。

当你在起立、跑步或者行走时，身体必须努力与重力抗争，身体中所有的肌肉必须协调一致。只有当它们完美配合时你才能四处走动。但当你坐在电脑前、电视机前或汽车里时，情况就大不一样了。你的背部不再处于自然状态，身体一侧的肌肉收缩，另一侧的肌肉放松。这在短期内不会有什么问题，但是如果你日复一日地保持这种姿势，神经系统就会适应它，久而久之便会导致许多功能障碍。

好吧，这也不太容易理解，就让我给你举个例子来说明。你可以很容易地判断一个人是否经常久坐不起。如果仔细观察，你会注意到这些人都处于一种一直向前倾倒的状态。重力不断地将他们的身体往下拉。可以想象得到，这种持续的拉力是如何影响背部和颈部的肌肉的。他们必须非常努力才能防止自己的鼻子着地，而且这项工作不是动态的而是静态的。那么，长期处于静止状态的肌肉会发生什么变化呢？首先，这些肌肉中的血流量将会减少，这就意味着很少有氧气和营养物质被带入，代谢物也很少被排出。假设你的身体是一个公寓，想象一下食物停止供应、垃圾堆积成山的场景。那一定很糟，对吧？其次，肌肉会变得疲劳而脆弱。随着紧张的加剧，他们会受伤。如果这样持续下去的话，也许你就会感到头疼和背痛。因此，你可以发现一种不良姿势对你的身体有多么坏的影响。这不仅仅关乎于别人对你的评价，更重要的是它可能会引起许多肌肉问题。

现在让我们站起来试试这个动作：将你的双臂交叉于胸前，向下看，尽量向后推你的颈椎（通过颈部肌肉用力）。然后身体先向左，再向右。向上看，尝试同样的方法。你会注意到，当你向下看的时候，你的旋转角度较小，但是当你向上看的时候，你的旋转角度更大。最后一个动作（当你抬头时）让身体回到直立位置，你的肌肉会更好地工作（这就是链式反应）。这使得它更容易完成起立、站立、行走等动作。

如果你想保持大自然赋予你的天生体态，拥有健康的身体，你就得打破久坐的姿势。坐姿本身对身体没有什么坏处，但是如果长久保持这个姿势就会给你的体态和健康带来危害，并且严重限制你的运动能力。很快，你的诸多活动就会受到限制，生活质量也会严重降低。

预防的唯一方法就是摆脱你的椅子，并且坚持全方位的运动，就像难以抉择时的前后摆动，或糟糕的天气里船上的水手一样左右摆动身体。但要注意避免致使身体疼痛的动作。

带来疼痛感的动作往往具有一定的危险性。你的大脑和神经系统对此非常敏感。如果做某个动作时感到疼痛，你就必须调整姿势。但不要把疼痛作为偷懒的借口，你总能够找到一些自己可以完成、不会感到疼痛的动作。

在一项科学研究中，研究人员对教室里的孩子进行观察，发现那些被迫坐在同一位置的孩子常常感到背部疼痛。有些孩子坐在教室左边，老师在教室的正中，他们必须转动头部才能与老师保持目光交流。久而久之，就会造成身体的不平衡。当研究人员观察那些可以在教室里走动或者老师经常变换位置的学校时，同样的问题就没有出现，孩子没有身体不平衡或者感到背部疼痛。这再次证明了前面的观点：“你的下一个姿势就是最好的姿势”，“运动是最好的药”。

好了，现在你已经有了一定的概念：避免让自己长时间保持同一个姿势是多么重要。你知道了并没有什么姿势是对你最好的。最好的姿势永远是下一个姿势，因为你需要定期调整姿态。你也开始理解“运动是最好的药”的重要性。那太好了，我们已经取得了一定的进展。如果你现在也明白了所有的运动都是由连锁反应和肌肉收缩引起的——你不能只使用一种肌肉，必须由许多肌肉群协同工作——那么是时候谈一谈关于身体的柔韧性和稳定性的问题了。

你一定见过那些练瑜伽的人和他们能做的那些姿势。看起来确实很不错。但这只是为了增加身体的柔韧性吗？当然，在一定程度上保持柔韧性是很重要的，但是提高关节的稳定性也同样重要，光有柔韧性是不够的。你的身体可能过于柔韧，就是所谓的“超流动性”。你当然不希望这样，你需要平衡，始终保持平衡。因为身体要想完成各项功能，柔韧性和稳定性缺一不可。稳定性是指肌肉能够协同工作（链式反应）。如果你有极好的柔韧性，但稳定性很差，关节很容易受伤。反之，如果你的柔韧性差而稳定性强，关节也会因为失去平衡而容易受伤。

连锁反应与肌肉是否能够协调工作以及是否具有足够的柔韧性有关，只有这样才能达到并保持一个良好的状态。坚持学习，你一定能够过上健康而丰富多彩的生活。

06

激活你的肌肉潜能

你知道吗？如果你不进行力量训练，举起一定的重量，你体内的许多肌肉都得不到锻炼，简直可以说就是一堆死肉。如果将肌肉想象成身体里的发动机，即使发动机本身具有强大的动力，但当它没有得到充分的利用，也可能只发挥出它30%的功能。如此多的潜力没有发挥出来，真是非常可惜，对吧？正如我之前告诉你的，大脑控制着人体的一切行为。它通过神经系统向肌肉发出信号。但是如果因为根本不需要用到更多的肌肉进行运动，大脑从来只向不超过30%的肌肉发出信号，那些从未接受大脑信号的肌肉就会逐渐丧失功能。那么你是要使用它们，还是要失去它们呢？为了充分发挥肌肉的潜力，你要训练你的大脑和神经系统定期使用所有的肌肉。但必须注意的是，一旦你下定决心要这么做，在举起你能承受的最大重量之前，必须做好以下准备，以免受伤。

- 你需要有足够的柔韧性。
- 你需要具备足够的稳定性。

- 你需要专心致志。
- 你需要加载和发射（动态运动）。
- 你需要有强壮的体魄。
- 你需要有足够的自信。

我知道这些要求很高，但是千万不要因此而气馁。你可以做得到，很快你会再次感觉自己非常坚强。相信我，没有什么能让你感觉自己如此强壮有力。

你有没有过这样的经历：在长时间的休息后或是第一次去健身房时，经过几周的力量训练，你突然感觉比之前强壮了许多？这很正常。但并不是因为你的肌肉在发育，而是因为你的大脑调动了更多肌肉。这很酷，对吧？但不幸的是，这种情况不会一直持续下去。到了一定阶段，这样的爆发式增长就会暂时告一段落。从那一刻起，你需要长时间的刻苦训练才能变得更加强壮。但此时大多数人都很难坚持下去，因为那就意味着更加艰苦的训练，需要坚定的毅力。但可悲的是，当许多人意识到自己的目标还需要好几年的时间才能实现时，他们就失去了动力。人们都渴望迅速见到身体的变化，因此，许多人去阅读关于如何快速改变身体的文章。有些人甚至开始使用类固醇，仅仅因为这是一个快速解决方案，而不去考虑类固醇给健康带来的危害。作弊是要付出代价的。相信我，这非常不值得，一定不是你愿意承受的，它会让你失去一切运动乐趣，它也不可能帮助你建立信心，往往还会适得其反。

为了充分发挥你肌肉的潜能，让它们继续生长，你要有足够的耐心和毅力，按照本书的建议去做，才是让你变得更加强壮和健康的正确道路。你将会对自己所取得的成就感到满意，也会变得更加自信，生活得更好、更充实。

07

下一个才是最好的姿势

随着越来越多的人认识到久坐有害健康，应该尽量避免连续数小时坐着不动，许多人开始想出各种各样的解决办法，设计出许多有针对性的产品。许多企业开始试图说服你购买他们的产品。比如有一种能够上下伸缩的桌子，可以让你在坐着和站着时都能使用。他们告诉你站姿比坐姿好，因为站立会燃烧更多的卡路里。但这是真的吗？这么做能帮助你更积极地锻炼身体吗？事实并非如此。不论是一直坐着还是一直站着，都是在保持一种静止状态。你真正需要做的是适当地改变一下，四处走动走动。没有最好的姿势，下一个才是最好的姿势。你不可能买到特殊的椅子或桌子帮助你抵消久坐带来的负面影响。

有些聪明的读者现在可能会争辩说市场上有这样的设备：你可以一边走路一边工作。或者买一台跑步机放在办公室里，你就可以在办公桌后面散步。但这不是一个可行的解决方案，因为这会分散你的注意力，进而影响工作效率，还会带来额外的开销。每小时休息一会儿，四处走动，不需要任何额外的花费。它不仅免费，而且对你的健康有奇效。这将有助于你更加专注、出色地完成工作。

越来越多的体力活动都被证明对身体健康和精神健康有着积极的影响。适当的体力活动还可以提高工作效率，降低因病缺勤率。丹麦健康科学学院的科学家迪克斯・贾斯特逊在一年中对南丹麦大学的387名办公室志愿者进行了跟踪调查，以研究体力活动对人体的影响。193名成员被分配到训练组中，剩下的194人则加入对照组。训练组的成员要求每周接受1小时的高强度训练。此外，还鼓励他们每周六天进行30分钟的适度活动。两组在试验前后都进行了健康检查。除此之外，所有的参与者都填写了一份调查问卷，以调查其工作表现、工作效率和健康状况。结果表明，训练组成员的短期病假率下降了29%。与对照组相比，他们的工作能力提高了6%，工作效率提高了4%，总的健康水平提高了9%。

本章内容概要

- 力量训练对你是有好处的，但这还不够，你还需要接受协调性和平衡性训练。
- 你的训练量和训练方式最好经常进行调整。
- 经常保持静止的坐姿和站姿都不好，你可以改用动态座椅，或者使用各种移动办公设施，或者进行一些像舞蹈这类能有助于校正身体平衡性的运动。
- 你身体的各个部位都是一样的，不存在哪个部位比其他部位更加脆弱。
- 身体的各个关节都能够全方位地协调运作。
- 我们所做的每个动作都需要肌肉提供的力量。
- 平衡始终是动态的。
- 消极的生活方式会导致肌肉萎缩，使肌肉和关节变得僵硬。

给你的建议

- 不要久坐不起，至少每小时站起来活动一次。如果你能站起来，那么试着将你的臀部在三个维度上来回摆动 10 次，或者做一些简单的诸如抬小腿的动作。

- 每天做一些对你的身体有好处的运动，至少做 30 分钟的中等强度的体能训练。所谓中等强度的训练是指你在完成时，呼吸不会太急促，仍然可以正常地与人交谈。
- 在健身房进行锻炼时，你至少应该做 7 种不同的练习，包括深蹲、弓步、拉、推、举以及轻松跳跃。每种动作练习 1 ~ 2 次，做 8 ~ 10 组。确保做到最后两组时自己感觉已经相当吃力，这就说明你完成的强度足够了。

以下是涉及人体功能的一些基本动作：

下蹲

弓步

站立时推和拉

不同臂位的俯卧撑

并脚3D跳跃

俯卧膝盖跪于地面，手臂向各方向拉伸

站立3D肩部推举

⊙ 平衡训练应当一直是动态的。以下是一些平衡练习的实例：

单脚站立，手臂齐肩高做旋转动作

单脚站立，双手举起一定的重量向前后、
左右、旋转三个维度各摆动30秒钟

必须注意的一点是，你的臀部也要随之自然摆动。这样你的身体就学会了运用动态运动来处理自然产生的力量。

单腿做一个巨大的弓步。同时将手臂抬起至肩高，在身体两侧旋转

这个动作会使髋关节自然地产生反方向的旋转力。

PART 7

孩子们怎么办

01

屏幕正在夺走孩子们的健康

现在的孩子们不需要有创造性，也不像过去一样过着生动而充满想象力的生活。他们的大部分时间都消耗在各种有组织的活动当中，剩下的则是消耗在屏幕前。

以前，自由玩耍在孩子中是一种很常见的娱乐活动。孩子们在自由玩耍时，会在无意中培养运动技能，学习认知自己和周围的环境。那么，当自由玩耍被成年人所监督的有组织的活动所取代时，会发生什么呢？这对他们的运动技能和想象力会产生什么影响呢？他们又如何正确地认知自己和周围的世界呢？

令人悲哀的事实是，很多孩子从不进行体育锻炼，除非有成年人告诉他们应该做什么以及怎样做。孩子们坐着车被送去练习，然后有人告诉他们该怎样做，结束之后再坐着车回家。这在二十年前是闻所未闻的，那时候，大多数的孩子都是自己走路或骑自行车去参加训练。事实上，他们花几个小时骑自行车只是为了好玩而已。他们花几个小时在足球场上踢足球，没有任何成年人陪伴。他们大部分的体育活动都是自发的。孩子们做这些事全都是出于兴趣。

但是现在的情况完全不同了，父母角色发生了变化。许多父母都将自己的孩子当成无助的小动物，需要不断的关注、指导和服务。这让孩子们对于闲暇时光的体验完全不同了。如果现在的孩子需要去某个地方，他们的父母就开车送他们去；如果他们感到无聊，他们的父母就会找点事给他们做。许多孩子已经被宠坏了。但是他们并没有要求被这样对待，他们也不需要。恰恰相反，这其实是害了他们，完全是一种错误的关怀。

这样的做法让许多孩子在被告知要自己找点事做时变得无所适从，流露出喜怒无常和无助的情绪。如今的孩子们习惯于有人告诉他们要做什么，他们不再有能力独自参与自由游戏。此外，他们因此变成了以自我为中心的人，很难与其他人相处，因为他们已经习惯了随时得到想要的东西。

就在前几天，我在去购物中心的路上遇到了三个小女孩。她们大约六岁，没有大人陪伴，在外面玩耍。这在当下是很难见到的情况。我放慢脚步，听到了她们之间的对话。其中一个女孩希望她们扮成独角兽，而其他两个同伴想要扮成马。在这样的情况下，你期望看到的结果是经过争论之后，喜欢独角兽的女孩放弃了自己的想法，同意扮成马。但事实并非如此，她最后决定不跟她们玩了。

我真的不记得自己小时候曾经发生过这样的事情。我们当时也会发生冲突和争执，但没人会选择退出游戏，因为任何人都不能独断专行。但不幸的是，这就是今天的孩子们的成长方式。他们认为自己的需求应该被放在第一位，拒绝服从大多数人的意见。当这些孩子长大之后需要合作、妥协，在工作和生活中与人进行沟通和交流时会发生什么情况呢？

在全球化时代，学会交际、合作和沟通对孩子们而言至关重要。这些技能需要在学校和自由玩耍中进行开发和锻炼。为了让大脑学会这些技能，通过游戏来开发相应的创造力是非常重要的。但是我们为孩子们安排的匆忙而目的性很强的生活方式让孩子们失去了自由发挥的空间。缺乏自由玩耍机会的孩子，终将在以后的人生中受挫。谷歌和Facebook无法取代掌握语言和交流的能力，也无法开发孩子们的创造性思维和辨别能力。

现在的孩子们几乎没有了“无聊”的概念，他们永远不需要找事情做或者等待，他们的耐心几乎是不存在的。看看你周围，你就会明白我在说什么。试着让你的孩子等一段时间，看看他们的表现。当我还是个孩子的时候，如果我说自己很无聊，我父母会告诉我去外面找点事做。他们不会跟我一起去，也不会告诉我该做些什么。如今，智能手机和平板电脑使人们不再无聊。有了它们，你动动手指尖就会找到乐趣。瞬间的满足只需要手指轻轻一动就能得到。结果，孩子们变成了久坐不动的人。在他们十几岁就已经变得跟成年人一样了，腰痛、肩痛、颈痛、头痛……他们过早地就有了成年人才会有的健康问题。

“走出去，找点事做”的概念对于所有人而言比十年、二十年前都重要得多，因为这是一件非常自然的事，每个人都能做到。当某事对你来说很自然时，你就不用想太多，直接去做就好了。但是当它消失了的时候，你就会有所感觉。而这种感觉往往不是一种很好的体验。

体育活动和锻炼能够帮助你提高记忆力和运动技能，有助于集中注意力、提高学习效率，但是如今智能手机和平板电脑成了它们的替代品。现在的孩子们的房间里少不了智能手机、平板电脑或电视。他们每天把大多数时间都花在了屏幕前。现在是时候让他们到外面和其他孩子一起玩耍、从事各种运动了——爬树，在地上爬或跑，踢足球或者躺在草地上看星星、做白日梦……

现在很多孩子抱怨头痛、腰痛、乏力。但这还不是最糟的。肉体上的痛苦背后还可能隐藏着心理问题。遗憾的是，它们往往是相辅相成的。久坐的生活方式和糟糕的饮食习惯是导致抑郁和自卑的主要因素。现如今，六七岁的孩子就会感到沮丧，几乎从不微笑、脸色苍白，一副病恹恹的模样。这是很不正常的。

你可以将这一切归咎于科技的进步，当然这的确是一部分原因。毫无疑问，我们都受到了现代科技的诱惑。然而，成年人应该清楚自己能够为自己和孩子设定一个清晰的界限。要做到这一点，你必须学会说“不”。同时自己必须做一个好榜样。你不能告诉你的孩子他们不能使用这些现代科技，而同时自己的眼睛却一直盯着屏幕。你需要从自己做起：放下药片，积极锻炼身体。

请注意如下几点：

- 如果你一边吃饭一边看电视、平板电脑或智能手机，你会吃得比所需要的多，因为你的大脑很忙碌，没有精力注意到自己已经吃饱了。
- 屏幕阻碍了睡眠。我们很多人都将本该用于睡眠的时间用来看电视，因为电视节目真的很容易让人上瘾。
- 如果你在床上盯着屏幕查看电子邮件或者打游戏，屏幕发出的光会干扰你身体的自然节律，很容易让你失眠。
- 屏幕占用了本属于体育运动的时间，而你的身体和头脑都需要运动来保持健康。
- 智能手机是你最好的朋友，同时也是最大的敌人。请你严加看管。

⊙ 造成许多孩子暴饮暴食的原因：

- 他们的父母给他们提供了太多的食物。
- 他们在睡前忙着和朋友聊天（睡觉时还在玩手机），从而睡眠不足。

此外，孩子们到了学校，脑子里还想着游戏中如何通关而不是如何阅读或解数学题。他们盼望着赶紧放学，好接着玩游戏。你发现问题了吗？

屏幕是宝贵时间的窃贼。孩子们需要有玩耍和与其他孩子交往的时间。电脑游戏不能教你如何与同龄人沟通，如何解决矛盾；不能帮助你开发基本的社交能力，学习如何建立牢固的人际关系。这些都是成人世界中必不可少的社会技能。成年人作为孩子们的榜样，同时为了自己的健康也需要控制在屏幕前的时间。这对孩子们来说至关重要。否则，他们将无法培养出在以后的人生中获得成功所需要的技能。

肥胖或者缺乏基本运动和社交能力从来不是孩子的错。这完全是父母或者抚养人的责任。但是我们总是刻意否认这一点。尤其是当孩子在叛逆期时，我们总是批评和指责他们。这是一个悲哀的事实，我们不应该加以掩饰。成年人必须承担起他们的责任，对孩子和他们自己以同样的方式严加约束。

作为一个负责任的成年人，你可以为你自己和你的孩子严格限制使用屏幕的时间。你只要给孩子们锻炼身体和参加自由活动的机会就可以了，这些是孩子们与生俱来的本能，是一件完全自然的事。坐在屏幕前总归是不符合自然的。孩子们不需要花哨的玩具和设备来玩耍和锻炼想象力，当他们有时间自由地玩耍时，这些能力自然会得到开发。如果你把一根棍子交给一个六岁的孩子，他可以玩几个小时。木棍可以是他们头脑中的一切：一支长矛、一把勺子或者一把铲子……他们的创造力会没有任何限制地自由发挥。然而，学校里有严格的规矩和必须完成的教学任务，这减少了孩子们玩耍的时间。我们的教育制度很严格。老师们必须完成每年的计划和目标，因为时间有限，课程是他们的首要任务，自由活动和体力活动只能屈居其后。

在挪威，许多小学一年级的学生每周都有一天的时间在学校里参加户外自由玩耍。这非常好。但如果他们放学回家依然一直坐在屏幕前面，这点运动量还是不够的。

正如前面指出的，儿童天生喜欢体育运动。如果不是这样，那不是他们的错，是可以进行调整的。改变孩子们对运动的消极态度是完全可能的。当你发现孩子们有机会参与自由玩耍时，他们身上发生的变化，那将是一种非常奇妙的感觉。这样的机会比任何药物都有效。

语言和社会交往技能对于学习至关重要。儿童的知识、观念、态度和价值观在与他人互动时得到开发，但要开发得很好就需要交流。他们需要互相交谈，而不是盯着屏幕。

关于孩子们是否应该花大量的时间待在学校的问题一直争论不休。但是还有别的选择吗？无论如何，待在学校总比让他们回家坐在屏幕前更有益处。学校下课之后可以为孩子们提供与同龄人交往和玩耍的场所。有社交障碍和身体虚弱的孩子更应该参与其中。另外，让孩子们得到充足的休息也可以帮助他们提高专注度。

孩子们总是喜欢模仿成年人，他们就是通过这样的方式进行学习的。他们扮演成年人，模仿成年人的行为。对于体育运动也是如此，不喜爱运动的父母，他们的孩子也会变得不爱运动。久坐的行为是从一代人传到下一代的。现在我们随处可见孩子们坐下来是因为他们累了，抱怨他们的腰、腿、肩膀疼。孩子们不会游泳、跑步、跳跃……这真是可悲，但这不是他们的错，这是他们从父母那里学到的和没有学到的东西。

记住，是你自己将懒惰的生活方式传递给了你的孩子。懒惰和屏幕前的时间将严重降低孩子的身心素质和生活质量。

02

你需要为自己和孩子安排玩耍的时间

让我们想象一下一个孩子正在玩耍：她坐在地板上，手里拿着玩具、积木、汽车或者玩偶——它是什么都不重要。孩子正在说话，或者唱歌。透过她的眼睛，你会发现她正在另一个世界里神游。她完全沉浸在幻想的世界里，全神贯注于她想象出的景象。现在，想象一下这个孩子就是你。你也曾日复一日地像她这样坐在地板上玩你自己最喜欢的玩具。你今天还能这样吗？你应该这样做吗？还是玩只是孩子们做的事，而不是大人的？

专门研究创造力和游戏的美国心理学家斯科特·考夫曼给出的答案是肯定的。考夫曼是宾夕法尼亚大学想象力研究所所长，也是成年人儿童游戏倡导者。

“儿童游戏是成人创造性思维的源泉，而创造性思维是二十一世纪事业成功的必要条件。当你长大以后也不应该停止玩游戏，因为人类的创造性思维能力在他们的一生中都可以持续发展。”代表乐高公司在比隆接受采访时，考夫曼对《贝林时报》记者说。

乐高公司的前首席执行官乔根·维格·克努斯多普补充说：“玩耍的价值一直被人们低估。我们都没有花足够的时间来玩耍，即使它在你生命中的重要性仅次于食物、水和爱。它对于你的成长和健康都非常重要。”

丹麦奥胡斯大学的讲师汉斯·亨里克·努普是一位流动和积极心理学（flow and positive psychology）专家，多年来他一直在游戏、学习和创造力方面进行广泛的研究。他完全同意考夫曼和克努斯多普的观点。游戏的价值一直被人们低估，这可能对社会产生严重的负面影响，例如孩子们没有足够的空间玩耍。“无人监管游戏是开发和维护所谓的软能力、个人能力和社会能力的最重要的活动。当你在玩耍时，你的主动性、责任感、激情、耐力、控制能力、界限感和独创性都会同时得到发展。”努普说。

不幸的是，无人监管游戏在儿童中即将消失。2008年，美国科学家戴维·艾尔金德通过大量的研究揭示出：现在的儿童玩耍的时间比以往任何时候都少。2000年出生的儿童比1980年出生的儿童每周参加无人监管游戏的时间少8小时。8小时！差别竟然如此巨大。

“我们玩耍的时间太少，很可能会让我们失去许多重要的东西。多年来，无论是对于儿童还是成年人，我们都将用于游戏的时间视为一种浪费。现在是时候重新认识这个问题了。因为它对于我们幸福和健康的生活是必不可少的。”戴维·艾尔金德在发表他的研究结果时写道。艾尔金德指责电视和平板电脑盗窃了孩子们的时间。但他也认为父母都外出工作也是这个问题产生的原因之一。他认为，过去母亲们待在家里看管孩子们玩耍是自由玩耍的理想状态。如今，父母都外出工作，孩子们更多的时间都在专人的照看下进行有组织的活动，这阻碍了自由和发挥创造力的游戏。

“在过去的60年里，孩子们自由玩耍的时间和空间明显减少了。同时，儿童的心理问题也急剧增加。这并不一定意味着两件事有直接的联系，但孩子们缺乏自由玩耍确实可能导致他们产生心理障碍。”汉斯·亨里克·努普说。

所有哺乳动物在儿童时期都会玩耍。关于动物的研究表明：缺乏自由玩耍的动物在情感和社交能力上都有所欠缺。这些动物在以后的生活中会遇到各种各样的问题。人类有着漫长的童年，这个问题就显得尤其严重。

根据考夫曼的说法，孩子们参与自由游戏的时间越来越少。他们大多数时间待在学校，主要的任务是背诵书籍而不是发挥想象力和创造力。这对我们的孩子是一种极大的伤害。他们需要通过自由玩耍来开发大脑，以便更好地进行阅读、写作和解数学题。自由玩耍对于孩子们探索内在的自我也是必不可少的。在自由玩耍中，他们的情感也是自由的。通过角色扮演，孩子们探索他们的恐惧和焦虑，并学会处理复杂的感情，这对孩子的成长至关重要，缺失了这个过程，他们将难以应付今后生活。

今天，许多父母限制了孩子们自由的、无人监管玩耍的时间，阻碍了他们的发展。父母的参与阻碍了孩子们进入他们的幻想世界——对他们来说最具吸引力的地方。偶尔参与孩子的游戏没有什么问题，但重要的是必须让孩子们来决定游戏规则。儿童的微观世界是一个神圣的地方，应该充分地尊重并且谨慎地进入。

作为一个成年人，只要能够耐心地观察孩子们玩耍，你会有许多发现，因为他们在玩耍的过程中能展示出他们擅长的和不擅长的领域。他们如何玩耍是他们内在思想的一扇窗户，而孩子们的思想对于大人来说通常是很难到达的地方。这个窗口也将揭示他们的未来。他们擅长什么、对什么感兴趣。它还展示出孩子们如何对待自己的生活。例如，对工具表现出极大兴趣的孩子今后可以当工程师或科学家，喜欢画画和经常玩过家家的孩子可以追求更有创造性和以人为本的事业。

美国人对于二十一世纪所需要的技能究竟是什么一直争论不休。你必须了解在未来的工作中需要什么样的技能以及你必须具备什么技能，这些技能包括创造能力、沟通与合作的能力，同时还必须具备灵活性、主动性、创造力和领导力。所有这些技能都是在自由玩耍中发展出来的。

美国每年都会颁发一个奖项：麦克阿瑟天才奖。该奖项授予在他们的工作领域具有巨大潜力的人。他们都是非常聪明的人。如果你仔细看看获奖者，会发现一个非常有趣的现象：这些人在孩童时代就对自己的未来有了一个清晰的规划，而这些都是在幻想和游戏中描绘出来的。

并非只有孩子才能做到这些。当你长大后，你不会丧失幻想和玩耍的能力。你可以使用这两个伟大的工具来让自己变得更聪明、更有创造力。真正聪明的人在他们的一生中都在玩游戏。他们玩电脑游戏、角色扮演，把他们的办公室当作游戏乐园。

乔根·维格·克努斯多普强调乐高不仅仅是为儿童制造的玩具，而是为全人类。他指出，对于乐高而言，没有年龄的限制。只有当你不再玩它的时候，你才会变老。如果你想过上快乐的退休生活，那就玩吧。把世界当作一个游乐园，把生活当作一次发现之旅。自由玩耍让你头脑敏锐、神采奕奕。

汉斯·亨里克·努普说自由玩耍是一种生命的舞蹈，可以持续一生。它是探索你存在的方式，帮你寻找内心渴望的东西，帮你发掘更多潜在的可能性。这就是为什么对于孩子们来说丧失了自由玩耍的机会非常可悲。对于成年人而言同样如此。如果你不再玩耍，你将会损失很多，甚至可能失去自我。

我们应该对自由玩耍有新的认识。如果你没有了竞争，参加体育运动会变得更容易接受，也会感觉更加安全。让玩耍变得更加自然，让我们学会体验它的乐趣，它会让你的生活变得更加美好，也会让你保持健康。

03

为何不应该久坐

其实并没有所谓正确的坐姿。我知道有人曾经告诉过你们有正确的坐姿，但他们说的都不对。现在，把那些说法统统忘记。你必须不断地改变你的姿势，不要一直坐着不动，站起来活动活动，跳一段伦巴，或者跳一跳，跟朋友或同事来一场娱乐性的拳击比赛。

你肯定见过有人用充气球作办公椅。你可能听说这很好，因为坐这样的“椅子”，你必须使用腹肌。不，这种说法是错误的。这样的坐姿很不舒服——长此以往，它会引起腰部和臀部的疼痛——千万不要这样做。

当你坐着的时候，哪怕微小的动作都可能导致腰部疲劳。因此，舒适和符合人体工程学的椅子才是办公室里最好的选择。

当你坐着的时候有规律地休息，起身活动，对血糖和胰岛素分泌等都有好处。如果你每小时休息一次，你的总体健康状况会显著改善。

孩子专注于某项特定任务的时间很有限，是3～5分钟。成年人最多可以持续20分钟。稍作休息之后，他们可以重新专注于同样的任务。最好的休息方式就是体育活动，运动会让你的大脑得到恢复。你的大脑就像一个永不停歇的马达，经过长时间运转，它会疲劳，需要时常进行运动来使其恢复到最好的状态。

当你必须坐着的时候，经常休息会对你的健康大有好处。这可以让你的大脑得到充分休息。在这之后，你会感觉更容易集中注意力。

2003年，研究人员对两组学生的坐着的习惯进行了研究。第一组孩子在学校里97%的时间都坐在课桌前学习，另一组的情况则大不相同：他们57%的时间坐着，31%的时间站着，10%的时间走路。你可能会觉得这两组学生的学习效率会有很大的差异，但并不是这样的。两组学生学到了几乎同样的东西。为什么会这样呢？第二组虽然只有57%的时间在学习，但充分的休息和转移注意力可以提高学习效率。每小时做5分钟的体育锻炼可以使你的学习成绩和学习效率提高5%。

也许你觉得自己很聪明，想要将工作和运动结合起来。或许你想要买一台跑步机，工作的时候可以走路。这主意听起来不错，对吧？不，你错了。如果你同时执行几项任务（例如一边阅读一边散步），你的注意力会被分散，效率也会随之降低。你应该一次只专注于一件事，每小时休息一次，做一些运动。这会有助于你保持良好的状态。

每年都有无数人死于懒惰的生活方式和不健康的饮食习惯。对于许多人而言，这两个因素是相辅相成的。当你一直坐着，你总是忍不住想吃垃圾食品，尤其是在看电视的时候。这就是我们所说的“无意识进食”，这对你非常不好。然而，它对你的影响却远不止如此。

当然，你的工作内容决定了你是否需要一直坐着不动。如果你的工作需要你整天坐着，那就更需要经常休息以避免因此带来的不良影响。光站起来是不够的，你还需要稍微做一些运动，尤其是可以让身体在三个维度都得到活动的运动。

04

让孩子自己玩

首先，教育界对这个问题的看法经历了许多变化。从人类发展的角度来看，人类的生活从群体、部落到后来的国家，家庭中总是需要有人对孩子们进行教导，教会他们生存技能。他们可以通过模仿长辈们的做法来学习这些知识和技能。通常就是通过游戏和玩耍，让他们从亲身经历中进行探索。这个过程对于大脑的发育很有益处，否则人类的神经系统根本得不到开发。

在历史上的许多时期，人类通过完全自由的方式制定各种社会规则。这些变化与社会的发展同时进行，且永不停止。

在十八世纪，启蒙思想入驻法国，社会教育受到了普遍关注。卢梭既是一位哲学家，也是一位教育家，他出版有《爱弥儿》一书。他的观点简言之就是，教育孩子应该发生在当时的社会之外，孩子探索和玩耍的欲望能够让他们尽其所能地发展。这就是为什么卢梭从大城市搬到乡下。在那里他被留下来探索周围的环境，以应对所有的风险。

卢梭清楚地意识到害怕的可能性，但他将开放环境下自由和无限制的发展视作教育的主要指导思想。在以后的发展阶段，教育者必须使用自然界中发现的实例和概念来创造实际的学习环境。只有在青春期，学生才会成熟，成为一个思想个体，在面对世界时充满信心。卢梭教育学的目标是培养自然人——一个在自然环境中成长起来的人，但最终能够在十八世纪人为建造起来的、必须遵循人为制定的规则的欧洲社会中生存下来。

然而我们所生活的二十一世纪与十八世纪的欧洲已经完全不同了。当代社会，人类的活动受到了很大的局限，也不再需要很多运动技能。如今的孩子已经不可能走进拥有卢梭所说的能够进行自我引导、能够运用感官体验的自然环境。

我们虽然不可能长期将所有的孩子都送往夏令营，但我们必须保证尽可能多地为他们提供这样的环境——鼓励他们和同龄人一起玩耍。寻找这种新的娱乐活动无论是对儿童还是对成年人都是有益的。

本章内容概要

- 自由玩耍已经被有组织的活动和玩电子产品所取代。
- 现在的孩子认为他们的需求是最重要的。这些孩子长大之后更容易以自我为中心。
- 没有一个孩子会因为无聊而死亡或者生病。事实上，孩子们时常感到厌烦是必不可少的。
- 现在的孩子很少有机会使用他们的想象力。这会削弱他们的社会行为能力和运动能力，甚至可能导致他们长大后患上抑郁症。
- 电视、平板电脑和智能手机剥夺了大量儿童和青少年本应用于社交和体育运动的时间。
- 大人是孩子模仿的对象，我们的行为将给孩子们带来很大的影响。

给你的建议

- 永远不要停止玩耍，玩耍能够改善你的身心健康。
- 做一些真正让你感到快乐，能够增加你的自信的事情。
- 着眼于事情的可能性而不是局限性。做你喜欢的、会让你感到更快乐的事情，而不仅是对你有好处的。
- 切记为你的孩子们树立一个好榜样。
- 严格控制孩子使用平板电脑和其他电子产品的时间。不要害怕让你的孩子偶尔感到无聊。

PART 8

你必须知道的事实

01

久坐真的会要命

1981年至1993年，17013名18～90岁的受访者参加了加拿大健身调查。该调查显示：日常活动量的多少与寿命的长短息息相关。这项研究的结果表明：每天坐得越久，由心血管疾病引发的死亡风险就越大。

很多研究表明：久坐时间和死亡率的关联与闲暇时间、运动和体重无关。这些研究的结果不仅证实了运动和保持健康体重的重要性，也证明了尽量减少久坐时间同样至关重要。

另一项研究结果显示，在过去的一年，美国人死亡的主要原因：

第一位：香烟（43万多人死亡，其中4万多人死于二手烟；占美国总死亡人数的20%，即每天大约有1300人死于香烟。平均而言，吸烟者比不吸烟者早死10年）。

第二位：不良的饮食习惯和缺乏运动（36万多人死亡；占美国总死亡人数的15%）。

若是再加上因心脏病、中风和糖尿病而死亡的人数，几乎就占了美国死亡人数的一半。

这听起来的确太可怕了！

久坐不动的生活方式几乎和吸烟一样致命。你为什么一坐几个小时不起来活动呢？最有可能的原因是看电视，使用平板电脑或智能手机。电视连续剧和电脑游戏将你粘在沙发上，就像香烟里的尼古丁一样让人上瘾。必须要意识到这一点，你才能摆脱沙发，开始运动。看电视本身无可厚非，但要是你将所有的闲暇时间都消耗在这上面，缺乏运动，那就是在拿你的健康和生命做赌注。

隐藏在电视、平板电脑和智能手机背后的一个问题是，当你在使用它们的时候，时间不知不觉就溜走了。在你发觉之前，你可能已经躺着或者坐了三四个小时，到了该就寝的时间了。你原本可以利用这些时间做些有益身心的事情，你却只是将它们消耗在一些毫无意义的事情上。社交媒体和大多数电视节目就像糖果一样，你渴望它，但它们非但对你没有任何好处，还会对你产生非常糟糕的影响，甚至让你上瘾。

02

你关注过你的胰腺吗

你的胰腺是一个非常卓越的器官。它位于腹部深处，在胃和脊椎之间。作为一种腺体，它有分泌激素和分泌消化酶到血液中帮助消化的双重功能。你可能并没有注意到它，但你真的要感谢这个默默工作的小家伙。胰腺主要的任务是维持体内血糖的平衡。

让我们将目光转回几千年前。穴居人类没有固定的食物类型，三餐也没有规律，他们经常不得不持续好几天甚至好几周忍饥挨饿。维持人体活动需要大量的能量，这些为细胞提供的能量必须依靠葡萄糖才能代谢。保持血糖处于稳定浓度是胰腺的基本功能。空腹时，胰腺分泌胰高血糖素（也称升糖素）；当摄入食物时，胰腺开始分泌消化酶和胰岛素。

胰高血糖素是一种刺激肝脏释放葡萄糖进入血液的激素。这些被释放出的葡萄糖来自身体的储备。首先来自肝脏储存的“快速”糖原，随后是从骨骼肌中储存的蛋白质以及脂肪组织中储存的脂肪分解而来。然而，一旦胰腺感觉到“食物摄入”，它就会停止分泌胰高血糖素，转而分泌胰岛素。胰岛素与胰高血糖素的作用正好相反，它能刺激肝脏补充糖原储存。胰岛素因其合成代谢作用在健美运动员中被广泛认可，因为它是骨骼肌构建的有力刺激物。然而，大多数人都只知道胰岛素的降血糖作用可以用于治疗糖尿病。

也许你认为健康的胰腺是一个高度敏感的器官，它永远不会停止工作。你说得很对，因为为了保持平衡，胰腺感知并影响着血糖浓度的微小波动。血糖浓度的下降与胰高血糖素（根据不同的情况也可能跟其他激素有关）相抵消，而血糖的峰值随着胰岛素分泌量的变化而迅速变化，这跟时间和血糖峰值变化密切相关。

如果我们仍然沿用远古人类（石器时代的人类）的生活方式和饮食结构，每天出去打猎，你可能永远用不着担心你的胰腺产生的胰岛素。不幸的是，事实并非如此，因为你的胰腺，或者更确切地说是胰腺产生的胰岛素 β 细胞的寿命是有限的。他们能够分泌的、分解葡萄糖必不可少的胰岛素的量会随年龄增加而不断下降，直至完全耗尽。

在过去，Ⅱ型糖尿病是一种在老年人中常见的疾病。现在，我们完全有机会比旧石器时代的祖先更长寿，但这取决于我们的生活方式，是很快地，还是很慢地消耗胰腺中的胰岛素分泌细胞，并且是否会患上糖尿病。

健康的饮食习惯和锻炼是延缓Ⅱ型糖尿病发病的主要措施。Ⅱ型糖尿病的确也会由遗传而来。关于双胞胎的研究表明，基因是患Ⅱ型糖尿病的非常重要的原因之一。然而，肥胖更容易在同一家庭中出现，因为家庭成员往往有类似的饮食习惯和锻炼习惯。如果你有Ⅱ型糖尿病的家族史，可能很难确定你的糖尿病是由于生活方式还是由家族遗传而来。最有可能的原因是两者兼而有之。但请不要灰心，尊重你的胰脏每天为你所做的惊人工作，不要不顾后果地浪费它，还是可以避免患上Ⅱ型糖尿病的。以下是给你的建议：

- 少吃多餐。
- 吃健康的食物。
- 经常锻炼（哪怕少量的运动也行），最好是饭后运动。
- 合理控制饮食。

保持你的胰腺健康、远离糖尿病的一种最有效的方法是保证三餐规律。保证早餐、午餐和晚餐按时按量。如果你习惯在两餐之间吃零食，也要控制零食的量，一个苹果或一点蔬菜就足够了。最重要的是，让你的身体有足够的时间给你反馈。如今，当我们坐着（或四处走动着）吃东西时，身体没有足够的时间给予我们反馈，以至于我们吃了过多的食物。所以，吃东西时务必细嚼慢咽，倾听身体给予的反馈！

人们在白天经常忘记喝水，而是将咖啡或其他含咖啡因的饮料不停地灌进去，造成的结果是我们的身体因为严重缺水向我们发出警告。然而，我们总是忙于其他事物，误以为身体发出的警告是想要更多的食物。确保你在白天喝几小杯水。再一次强调，请多多倾听你的身体的反馈，留心它究竟想要什么。以下建议对你的健康很有益处：

- 提前几小时吃晚餐，尽量延长晚餐和就寝之间的时间。
- 保证每天至少 7 小时的睡眠时间，并保证睡眠质量。
- 不要不吃早餐，白天多喝水。
- 计划好你的食谱。

03

吃健康的食物永远没错

你的饮食结构决定了你身体的健康状况。健康饮食金字塔建议人们吃全麦面包、未经精制的谷类，如面食，以及少量的饱和脂肪以保持体重，拥有健康的生活。然而，你知道你的食物结构也会影响大脑功能吗？

合理地选择你的饮食。合理的饮食可以帮助你在健康的道路上走得更远。让我们更详细地了解食物最基本的成分。（我知道下一段可能看起来很无聊，也许你想跳过它，但是千万不要！因为这些内容非常重要。）

复合碳水化合物：对你来说最重要的营养成分

碳水化合物是一种重要的营养成分，是你主要的能量来源。但是，很多所谓有效的减肥方法都建议我们少吃碳水化合物。其实关键在于找到合适的碳水化合物，而不是完全拒绝它。不论你曾经听到过什么，碳水化合物决不是破坏我们减肥大计的妖魔鬼怪。

“好的碳水化合物”是复杂的碳水化合物。它们由三个以上的单糖组成，结构复杂，因此被称为“复合碳水化合物”。这些复合碳水化合物的化学名称是“多糖”。多糖在人体内的消化速度很慢，不能像单糖一样代谢（即转化成能量）。因此，复合碳水化合物没有气泡饮料那样容易提高血糖水平。这真是太好了。

这些复合碳水化合物通常也是高纤维食物，能够促进肠道有规律地蠕动，帮助控制胆固醇。最常见的多糖是淀粉，它存在于植物中。常见的植物类淀粉食物包括全谷物早餐麦片、黑面包、土豆、意大利面和大米。膳食纤维的主要来源是水果、蔬菜、坚果和豆类。

众所周知，经常食用膳食纤维能够降低死亡率。科学家们长期以来一直在努力解释为什么高纤维饮食如此重要，结果他们发现：事实上，膳食纤维本身并不会对身体产生很大的影响，它们是人体内的有益菌所需的食物来源。这些有益菌享用了这些“盛宴”之后，作为报答，它们努力工作使你的免疫系统和肠道保持良好的状态。为了消化你所吃的食物，你需要酶来分解蔬菜、肉以及其他食物，然后通过肠壁吸收进肠道细胞之中。问题是，这些酶不能帮助分解植物中的高强度的化合物。这些不易消化的分子就是我们所说的膳食纤维，它们对我们来说是无法消化的食物，但对于有益菌却不是。有益菌喜欢它们，而人体得益于有益菌的工作。一个完美的共生体因此形成：多吃高纤维的蔬菜，你体内的“小帮手们”就会得到足够的食物，最终受益的则是你自己。这就是完美共生体的美妙之处。

简单碳水化合物和含糖零食：你的“坏朋友”，别与他们为伍

在过去的40年中，像果糖这样的单糖在我们的总热量摄入中所占的比例越来越大，但这并不是因为我们吃了更多的水果。现如今，很多食物和饮料都含有大量的果糖——玉米糖浆。事实上，超过10%的美国人每天的热量都

来自果糖。果糖对我们的健康特别有害：在等热量（摄入卡路里=消耗卡路里）的实验中，美国人饮食中的果糖比例增高，直接引起了体重的增加和全身脂肪量的增加。与此同时，体育运动却显著减少。

还有许多理由让我们尽量避免摄入过多单糖。饼干、甜甜圈，以及其他高糖分的加工食品和饮料对你的健康，尤其是对你的胰腺非常有害。他们会增加抗胰岛素性，以及患Ⅱ型糖尿病的风险。它们的简单化学结构意味着很容易并且很快地被转化成能量，导致血糖含量和胰岛素的分泌量快速上升。随着时间的推移，胰腺很快就会衰竭。

蛋白质：你应该小心对待的强壮家伙

健康的成年人每天的饮食中，每千克体重需要0.8～1.0克蛋白质以保持健康。你可能已经知道，对于身体来说，蛋白质对于生长发育和伤口愈合非常重要。健美运动员和运动员经常摄入蛋白质产品来刺激骨骼肌的形成。蛋白质也是一种重要的能源来源——事实上，蛋白质和碳水化合物的热值是一样的！因此，你是否应该戒掉吃含糖零食的习惯改吃蛋白质呢？高蛋白食品近年来在公众中获得了惊人的普及，成为减肥食谱的重要组成部分。或许是因为蛋白质比碳水化合物更容易提供饱腹感，它们变成了健康产业的新宠。

高蛋白饮食已被证明可以减缓胃排空，并控制餐后血糖升高。在Ⅱ型糖尿病患者中，较高的蛋白质含量与长期控制空腹血糖有关，而他们的总的摄入量保持稳定。对于Ⅱ型糖尿病患者来说，这是个好消息。然而，美国心脏协会并不推荐高蛋白食品。为什么它对Ⅱ型糖尿病患者有益呢？原因是高蛋白对胰岛素抵抗有不良影响。

碳水化合物和蛋白质的联合负荷会刺激胰岛素分泌，但同时也增加了胰岛β细胞对葡萄糖的敏感性。然而，当胰岛素分泌量增加两到三倍时，其作用将显著下降。换句话说，产生更多的胰岛素的代价是其作用下降。从长期来看，胰腺细胞的β细胞过度分泌，也会致使其作用下降。

此外，许多高蛋白食物中含有大量动物饱和脂肪。这种脂肪提高了低密度脂蛋白胆固醇或降低了高密度脂蛋白胆固醇，这些都是不利于健康的胆固醇。较高的低密度脂蛋白胆固醇水平会增加患心脏病的风险。此外，高膳食动物蛋白会使尿量增加，让身体中必需的矿物质比如钙流失。每摄取1克动物蛋白，身体将平均损失1.75毫克钙。这些钙沉淀物如果留在肾脏中，会形成肾结石。

脂肪：既是“好朋友”，也是“坏朋友”

关于脂肪的争论似乎是无休无止的。从我们现在知道的事实来看，吃不饱和脂肪对你有好处。但是，这并不意味着你要避免饱和脂肪，只吃不饱和脂肪，而是应该少吃。就像其他食物一样，保证饮食均衡。富含脂肪的鱼类、坚果、鳄梨、种子和植物油中的不饱和脂肪对你的健康有益。你的身体和大脑需要脂肪，以维持细胞的功能和免疫系统的功能，提高大脑的学习能力。对人体有益的维生素实际上也必须依靠脂肪的摄入才能发挥作用。所以，你必须摄入足够的、健康的脂肪。饱和脂肪通常存在于那些不应该吃的食物中，比如糖，巧克力、薯片和蛋糕之类的零食是饱和脂肪的主要来源，但肉类和乳制品也含有饱和脂肪。所以，吃脂肪类食物没有问题，但不要使其在你的饮食结构里占的比重过高。

04

年轻不是保单

当你年轻的时候，你肯定从未想过会死，疾病和死亡从来不是你考虑的主要问题。年轻就像是对抗生活中糟糕情况的保单，你的人生竞赛才刚刚开始，而这是一条漫长的路。

我还记得自己曾经有这样的感觉。太棒了，我很幸运，出生在一个好时代，疫苗的出现抵御了曾经夺去无数儿童生命的大部分疾病，还没有发达的科技“劫持”大量儿童。我们爬树、自由玩耍。我们健康强壮，过着积极的生活。但现在一切都变了。疫苗和医疗保健比以往任何时候都好，但是生活中其他积极的部分——运动和锻炼——消失了。尽管我们在医疗保健方面取得了进展，但我们比以往任何时候都更加脆弱。年轻再也不是你可以指望的保单。

我记得几年前见过的一个人，他的名字叫克努特，来自一个热爱食物的家庭，他们一日三餐吃得很多。他没有吃太多糖果或零食，但是餐桌上大都是高脂肪、高热量的食物。他的母亲和父亲都是身材魁梧、超重的人，所以当克努特长大后，也没有人真正考虑过这些问题。他喜欢体育运动，尤其喜欢足球和滑雪。但当他进入青少年时期后，他虽然努力跟上队友和同伴，但没过多久便完全失去了自信。早些时候他从运动中所得到的快乐也渐渐消失。慢慢地，他开始放弃运动，先是滑雪，然后是足球。

当他停止运后，体重迅速增加，变得和他父母一样重。克努特并不担心，因为他的家人就是这样，他这样也很正常。然而，克努特在二十多岁的时候已经体力不支，爬个楼梯都会喘不过气来，他还一直去洗手间。克努特去看了医生，出乎意料地被告知患上了Ⅱ型糖尿病。他还不到三十岁，这怎么可能呢？医生告诉他，这完全归咎于久坐不动的生活方式和不健康的饮食习惯。

当克努特将这个消息告诉他的父母时，他才知道他的父母都患有Ⅱ型糖尿病——这在他们家很正常。克努特的医生推荐他去了一个专业的治疗机构。在那里，他们专注于改善患者的生活方式：简单的健康饮食和有益的锻炼。经过一段时间的治疗，克努特的情况改善了很多。他的症状减轻了，虽然克努特的体重仍然有些超标，但他精力充沛，每天吃的饮食主要是蔬菜、鱼和全谷物食物。最重要的是，他不再暴饮暴食了。

那么，我们从克努特的故事中得到了什么经验和教训呢？首先，年轻人也可能患上Ⅱ型糖尿病，它不再是老年人的疾病。此外，久坐的生活方式和不良的饮食习惯会给你带来很大的健康危害。幸运的是，这两点完全可以改善，只是你必须在你的余生中非常严格地控制饮食并坚持运动。

05

身体的“蝴蝶效应”

如果你去网络上查找苹果体型（Apple-shaped body），第一个搜到的结果是你应该如何打扮来掩饰你的身材。但不幸的是，你的健康问题就像肚子里的大量脂肪一样，是藏不住的。也许在某种程度上，你可以巧妙地将肚子里的脂肪藏起来，但你却无法躲避随之而来的疾病。过量的腹部脂肪是严重的健康风险之一，它很可能导致代谢紊乱以及心血管疾病，增加患Ⅱ型糖尿病的风险，它还会引起女性乳腺癌和胆囊疾病。

当我第一次见到贡纳时，他刚刚从医生那里得知患上了Ⅱ型糖尿病。他的苹果体型告诉我，他的腹部和内脏器官一定堆积了大量脂肪，就是所谓的“内脏脂肪”（visceral）。贡纳已经五十多岁了，他的工作要求他整天坐着，而且还经常出差。这样的工作性质让他很难保持规律的饮食和充分的体育运动。尽管如此，贡纳仍然是个喜欢运动、身体强壮的人。

贡纳大部分时间都在花园里劳动，铲雪这种事也总是亲力亲为。他还是一个很好的手艺人，但从不注意饮食。他喜欢糖果、饮料和饱和脂肪含量高的食物。他周末总爱喝点葡萄酒。

被诊断出患有Ⅱ型糖尿病后，他开始重新审视自己的生活方式，并想办法进行改变。贡纳是个聪明人，渴望改变自己的生活方式。我们一起仔细研究了他的饮食结构，并根据他忙碌的生活方式进行了一些调整。

- 多吃蔬菜。
- 出差时携带一些健康食品，以免进餐时暴饮暴食。
- 增加体育锻炼（我们建议他改走楼梯而不搭电梯，尽量抽时间去散步）。
- 周末在家锻炼身体。

几个月后，贡纳的身体状况大为改观。血糖可以维持在较低的水平，不再需要服药，体重也减轻了。贡纳可能永远无法摆脱他肚子里所有的脂肪，但因此而生病的概率减小了很多。

要记住的是，想让自己变得更加健康，减少患病的风险，不需要完全改变你的生活方式。将生活中的小事情做好往往会收到明显的效果。这就像“蝴蝶效应”（butterfly effect）。

“蝴蝶效应”是指“一些微不足道的原因很可能带来巨大的影响”。这个概念最初被用于天气预报，后来成了科学写作中一个流行的隐喻。我现在将它引用于说明保持健康的方法。

06

你痛恨节食？每个人都这样

如果你想并且需要减肥，不要把所有的希望都寄托于节食这种方式。从长远来看，它是无效的。

没错，节食的确可以帮助你控制身体里的脂肪含量。如果你能够严格按照计划进行，确实可以达到你的目标。但是需要坚持多久呢？坚持一段时间以后，你确实减掉了5～10千克，然后一切又恢复正常。感谢上帝，节食的过程真的很痛苦，会明显降低你的生活质量。但是接下来会发生什么呢？

很多人的节食计划最后都会无疾而终，所以过不了几个月，体重就又恢复原样了，然后再开始下一轮节食计划。这是一个永无止境的过程，并且已经形成了一个数十亿美元的行业。他们具备非常强大的营销手段。

人们很容易受到蛊惑。所以对于节食减肥千万不要信以为真，它们就像伊甸园里的蛇。如果你想过一种更健康、更轻松的生活，那么请你忘记节食，改变你的生活方式。

我经常会遇到一些终其一生都在节食的人。莉莲是其中之一，她四十多岁，多年来一直是我的会员，她特别喜欢周末的集体训练和滑雪。莉莲有一份在办公室里的工作，大多数时间坐在电脑前。

多年来，尽管她一直去健身房或者滑雪，她的体重却增加了很多。我们见到她时，她非常沮丧。不论她做了多少努力，减肥计划都没能成功。好不容易减掉的体重，几个月后就又回来了。莉莲尝试过多种不同的节食方法，但结果都一样，她感觉这些方法都很难坚持。

莉莲独居，大部分时间都自己做饭吃。这影响了她准备食物的心情。晚上，她独自坐在自己的公寓里看电视，电视耗尽了她的精力。超重使散步都变得困难，即使她每周去健身房几次，她也不觉得自己的身体状况有所改观。

我从研究莉莲的饮食结构入手，发现了问题所在：即使她经常锻炼，但她摄入的能量还是大于消耗的。如果人体摄入的能量超过所消耗的能量，即使饮食再健康，再怎么锻炼身体，时间长了还是会长胖。

莉莲的问题之一是她的午餐。她每天吃一顿丰盛的正餐，晚上还要再吃一顿晚餐。另外，她也不太喜欢喝水，爱喝无糖饮料。她还爱在每个周末吃些薯片和巧克力。

我建议她中午不要再吃丰盛的正餐，而是用简单的沙拉代替。然后建议她多喝水，少喝饮料。她周末也应尽量少吃薯片和巧克力。这些小小的改变产生了巨大的变化。

在3个月里，莉莲减掉了15千克，这让她精力更加充沛。她每天晚上走很多路，这让她感觉很好。莉莲最重要的变化是，她没觉得自己必须像节食期间那样放弃自己所钟爱的食物。她仍然喜欢这些食物，只是减少了摄入量。

重要的是我们从中知道了：改变你的生活方式并不需要非常坚定的毅力去完成困难的事情。事实上，这很简单，而且效果很好：精力更加充沛，睡眠质量更好，心情愉快，生活也更加有趣。

07

节食对健康毫无益处

如果你死了，体重一定会减轻。是的，我知道，这是病态的。但是确实有许多节食的方式会影响你的健康，甚至杀死你。我不认为你会愚蠢到尝试它们，但我仍然想在这里跟大家分享其中的一些方法。我相信你们一定也会感觉非常可笑。

空气疗法（The Air Diet）

顾名思义，就是用空气来减肥。具体来说就是呼吸无污染的空气。这种方法也被称为“呼吸疗法”（Breatharianism）。如果你长期使用这样的方法，它肯定会杀死你。

空腹节食法（Fasting）

通俗地讲就是挨饿。这当然不是一个好主意，空腹时你的基础代谢率会随之降低。当你再次开始正常饮食时，短时间内就会重新恢复之前的体重，而且还会变得更重。

注射疗法（Banana Bag Diet）

你恐针吗？对我来说，这就足够让我放弃了。这种方法是将食物换成含有液体、维生素和矿物质的注射液，通过静脉注射为身体提供营养物质。

净化法（Purification Rundown）

这种方法建议你疯狂摄入维生素。据说这样做将净化你的身体和心灵，但很可能导致肝损伤和溃疡。

柠檬水节食法（Lemon Water Diet）

这种方法是将鲜榨柠檬、棕榈糖浆、辣椒粉、泻药和水放在一起喝。它会让你奇迹般地在十天内减重十千克（这样的效果确实非常具有吸引力）。问题是你减重付出的代价是同时失去肌肉和体内的水分。

好吧，我想这就够了。当然，还有很多类似的方法，但你应该已经知道了节食减肥法的大概。向你推荐这些方法的人总是会告诉你某人因为采用这些方法成功地减去了大量的体重。但从长远来看，这是行不通的，你可能很快实现了减重，但同时也可能生病，甚至丢掉生命。

08

食物可不是安慰剂，也无法让你更自信

对很多人来说，食物是生活的重要组成部分，他们在吃上面投入了巨大的热情，从不吝啬金钱，把自己当成美食家。对另一些人来说，食物是一种安慰剂，一种会让他们感觉更好的东西。这是一把双刃剑。当你在吃巧克力或冰淇淋的时候，你可能会心情舒畅，但是幸福的感觉稍纵即逝，只会为你留下一颗空荡荡的心。就像彩虹尽头的宝藏，你可能一辈子追逐它，但却永远无法得到。食物不是快乐药丸，你最好另寻他法。

詹妮就是一个完美的例子。她从不参加运动，偶尔去散个步，大部分时间都和家人、工作一起度过。她的工作压力很大。二十多岁时，她的体重增加了二十千克。当她来向我寻求帮助时，她很胖，健康状况也很差。她的血压和胆固醇都很高。她被诊断为患有代谢综合征（metabolic syndrome）。所有这些健康问题都与她超重和缺乏运动的生活方式有关。

詹妮的主要问题是，她在工作时不能有规律地进食。回家的路上，饥肠辘辘的她什么都会吃：比萨、汉堡、热狗、巧克力……各种各样的快餐食品。珍妮知道自己超重了，努力想要做些改变。晚饭后，她没有足够的时间为自

己和家人准备健康的零食，经常吃些如薯片、巧克力、花生等食物。当然，这些餐后零食让她心情愉快。

吃东西，尤其是晚上吃零食是对漫长而紧张的一天的奖励。她知道这样做有害健康，但就是控制不住自己。她的暴饮暴食是不理智、情绪化的，想要改变非常困难，需要时间和周密的计划。起初，我们建议她准备更加健康的晚餐，多吃蔬菜和鱼类，并且在白天尽量少吃零食。这个小小的改变奏效了。一年后，她的血压和胆固醇都恢复到了正常水平，体重也减轻了。

詹妮晚上和丈夫一起散步，但锻炼的积极性并没有提高多少。詹妮知道她还需要做更多的努力，但她看起来已经好多了。

我们都希望拥有幸福和爱，这是人类的本能，但这并不容易。许多人在生活中会遭受各种各样的挫折和打击，他们会寻求其他的安慰和替代品，食物就是其中之一。当你得不到拥抱和亲吻时，就用巧克力来代替；当你渴望某个人的温暖怀抱时，就用冰淇淋来代替。食物，尤其是一些给你带来愉悦的食物，成了你最好的朋友，但没过多久它就会成为你最大的敌人，你需要极大的意志力和勇气才能戒掉这个瘾。

除了作为安慰，很多人过量摄入食物是因为烹制食物能带给他们自信。

你有没有注意到，人们有时会过度补偿？他们随时随地都在寻找乐趣，从不休息。这不正常。即使是那些以幽默为生的喜剧演员，也不会无休无止地讲笑话。持续地欢愉会让人筋疲力尽，因而有些人就会去寻找另一些麻痹自我的方式，食物便成为其中的一种。他们试图从食物中寻求自信心。你肯定遇见过这样的人，比如总是带着自己烘焙的蛋糕去办公室的那些人。

伯特就是其中一个。她喜欢烘焙，冰箱里装满了烘焙食材。她二十多岁，是个可爱的女孩。但她体重超标，BMI指数为41，已经达到了肥胖的标准。

由于超重，她非常缺乏自信。她每天坚持爬楼梯，做弯腰等许多运动，也经常坚持站立。伯特腹部脂肪很厚，这让她非常烦恼。她和男朋友一起住，但他们没有孩子。不是因为他们不想，而是因为肥胖带来了生育问题。我很快就发现伯特和她的男朋友几乎每天晚上都吃她烘焙的食物。她用美食得到了男人的心，却给自己带来了健康问题。

除了每天吃的糕点，伯特还将剩饭作为早餐。她每天去超市买午餐，基本上总是一个加奶酪和火腿的奶油三明治。她从不喝水，喜欢无糖饮料。她告诉我，她每天晚上和男友一起在电视机前度过，吃着她喜爱的点心。她承认自己经常因此吃得太多。

我问她有没有想过自己为什么会这么胖。她的回答是不知道。她认为自己体力充沛，没有吃得过多。她喜欢烘焙，她做的点心很受欢迎，尤其是她的男朋友就非常喜欢，他一直对她说非常爱她。她的烘焙是她擅长的事之一，她的同事们也很享受她的烘焙手艺，常常赞美她的手艺。

我们花了很长时间来帮助伯特改变她的心态，因为她之前所有的自信心都来自烘焙。为了让她改变自己的生活方式，努力减轻体重，她必须意识到：人生的意义不仅限于烘焙，当她不再做糕点时，大家仍然会喜爱她。

我们总是渴望得到周围人的认可和赞赏，我们的自信心来自被爱的感觉。这就是Facebook的“天才”发明点赞的原因。我们深陷其中，不惜付出任何代价来得到它。人们在朋友圈里晒美食，以期待别人的点赞。然而，食物对于人类而言仅仅是能量来源，不要指望靠它来提升你的社会地位和认可度。它唯一的作用是为人们提供营养，而不是用来取悦他人。你不仅仅是厨师或者烘焙大师，千万要记住一点，你就是你自己。你非常特别，也非常值得被爱。我们每个人皆是如此。

09

吃多少是足够的

在我小的时候，不会每天都吃那些含糖量高的食物。糖果只有周末或者一些特殊场合，比如生日或假期里才能吃到，或者是作为一种奖励品。我们甚至都不会把它当作食物。而今天这一切都变了。人们每天都吃甜食，因为他们负担得起，而且感觉理所当然——“请给我一块蛋糕和一杯巧克力咖啡，谢谢！”

食品工业对此采取了相应的措施，尽力降低食品的含糖量。由于阿斯巴甜等甜味剂的发明，它们的味道依然甜美。这是食品行业的天才发明。你吃了越来越多的甜食，但这些食品的含糖量却在降低。因此，尽管放心大胆地吃吧。有人告诉你不能吃蛋糕，但在这种情况下，你吃一些又何妨？我们不得不佩服食品行业的专家们，他们知道如何在不杀死你的情况下让你感到愉快（杀死你对生意不利），他们成功地让你相信这些食物是对身体无害的。

再次回到我小时候。早餐喝苏打水或果汁是闻所未闻的，只有周末才喝得到。而我的父母非常严格，从不会向我妥协。今天，大多数父母让他们的孩子每天都喝甜饮料。很多孩子不喜欢喝水，因为它没味道。如果你担心糖分太高，那就给他们喝含人工甜味剂的饮料，它们更加健康。苏打水是大救星，它味道甜美而无害，但这也是要付出代价的。

那么我们究竟要付出什么样的代价呢？答案是，你的体重虽然不会增加，但却无法摆脱对甜食的渴望。这不是一件好事，你会不断地想吃甜食。也许是时候做出改变了，得想办法消除对甜食的瘾，而不是任由它持续下去。如果你戒掉甜食几周，你对它的欲望就会消失。当你口渴时，喝水就足够了。

当你在健身房的时候，你可能会认为他们销售的产品是健康的，比你在超市买的东西要好得多。从健康食品店里买到的也是如此。这些产品通常会让消费者认为它们是最健康和明智的选择。有趣的是，当人们对他们的食物做出健康的选择时，其他人认为他们在生活的其他方面也是如此。这是第一个卖点：声明蛋白质棒和饮料是健康的。因为运动员向你推荐，所以它一定对你的健康有益。每个人都想看起来像个运动员，不是吗？

这里存在一种很大的误解：如果食物是健康的，那么你就可以想吃多少就吃多少。举个例子，黑巧克力因其抗氧化剂的含量高而被视为健康食品。也许你就是那些只吃黑巧克力而不吃牛奶巧克力的人之一。你认为吃再多黑巧克力都不是问题，不幸的是，你的认识是错误的。我也不想成为那个告诉你坏消息的人（没有人喜欢传递坏消息的人）。类似这样的误解是人们发胖的原因之一。

从食物中获取的过多能量，不能被消耗，反而会储存在你的体内。同样的道理，健身房向你推荐的所谓的健美食物（蛋白质粉和饮料）都含有很高的卡路里。在大多数情况下，这些产品所含的卡路里都大于你在锻炼时燃烧的能量。因此，当你离开健身房的时候，你的身体实际上得到了更多的卡路里。不过你会感觉很棒：你锻炼过了，吃得也很健康。

那么，那些推销这些产品的运动员呢？他们的确看起来身材超好。实际上，他们和你的区别在于运动员会进行长时间的训练，训练强度也比你想象中高。它们燃烧的热量可能是摄入的能量的三到四倍。他们进行了这么多训练，必须得吃足够的食物。蛋白质粉和饮料发挥的作用就在于此：为运动员提供训练所需要的能量。而你不是专业运动员，训练强度没有他们的高，也许整天都只是坐在桌子后面。

千万别误会我的意思。有的时候蛋白质粉的确比巧克力好。但是，如果你因为它是“健康食物”就认为可以多吃，那就糟糕了。过不了过久，你就会增重和发胖。

10

运动，你需要一个伴儿

近期的《心理学》上发表的文章称：一起锻炼会使夫妇关系更加牢固。文中列举了一起锻炼的夫妻感情更好的五个原因：

- 实验研究表明：共同参与一个令人兴奋的挑战或运动能够增加夫妻双方对彼此关系的满意度，使你更爱自己的伴侣。
- 社会心理学一直认为：有其他人在场会影响你做某项活动的能力。在你没有意识到的情况下，你的伴侣在场会提高你的运动能力。
- 运动会引起生理唤醒症状，表现为双手出汗、心跳加剧、呼吸急促。人们很容易将身体吸引力误认为是浪漫的吸引力。利用这种现象邀请你心仪的对象跟你一起锻炼吧，下次约会的时候去健身房，别去餐厅了，这很可能会大大增强你对他（她）的吸引力。
- 当伴侣关心彼此的健身成效时，更容易达成目标。最近一项对夫妇的研究表明，妻子更多地参与健康评论能够让丈夫更加注重自己的体重，从而激励他们进行更多的运动。
- 当你们共同进行锻炼时，创造了一个更加和谐的运动环境。一致的步调有助于人们的情感和谐。

我很乐意看到，你读过这篇文章之后会努力说服你的伴侣从现在开始积极地锻炼身体。这会为你们带来两大好处：稳固的夫妻关系和更强壮的身体。

餐后运动有益健康

多项研究结果表明：即使低强度和短时间的锻炼也有益于健康，尤其是在餐后。比如，步行一分钟到咖啡机，再走回办公室就足以显著降低餐后血糖指标。在中年和超重的人群中，效果更为明显。即使是年轻、体重控制良好的办公室人员，经常做这样的运动，也会显露出饭后血糖下降的趋势。

我知道，你可能听说过饭后应该避免运动。我年轻的时候也是这么听说的。我们需要区分的是高强度训练和轻度运动。当然，你不能吃完饭后立即进行高强度的锻炼。那非常不好，它可能会让你感到不舒服甚至恶心。不过，饭后几个小时再进行高强度锻炼，或者餐后散步就没有什么问题了。

养成饭后散步的习惯。不要躺下或坐着。动起来，你的身体会感谢你。你周围的人也很有可能会感谢你。你会感觉好多了，对待他人也更加友善了。你知道这是怎么回事——当你心情舒畅时，好心情会投射到周围的环境中。

11

不要指望躺着等腰痛慢慢过去

人们常常听到一个笑话（至少我听过无数次了）：如果你有去健身房的冲动，坐下来等待它过去。这并不可笑，因为对许多人而言，在某种程度上，这是真实的情况。我说“在某种程度上”，是因为他们不一定真的想去健身房，只是他们的身体和潜意识在告诉他们该这么做了。他们感到沮丧，这常常（不总是）是你需要用不同的方式做事情的症状。你应该去做一些运动，而不是坐在电视机前看体育节目。你应该穿上你的慢跑鞋出去活动活动，而不是整天躺在沙发上。如果你的腰很疼，就算你一直躺着不动，它也不会变得更好。

也许我对我的“病人”（我训练的人）说“因果报应”有点太直言不讳了。你患上了某种疾病，可能并非完全因为运气不好，而是你应得的报应。如果你不顾及自己的身体，想吃什么就吃什么，从不锻炼身体，你就不能抱怨自己生病了、腰受伤了。这正是你一手造成的结果。

根据瑞典卡罗林斯卡医学院的一项研究结果显示：运动可以减少50%患上痴呆的概率，以及降低60%患上阿尔茨海默病的概率。此外，你会对自己感觉更好，更加自信，睡得更好，身体更加健康。那么，你还在等什么呢？赶快去锻炼吧！

几年前，我母亲被诊断出患上了阿尔茨海默病。我知道这是一种多么可怕的疾病，对患者的家庭和朋友来说也是一个沉重的打击。相信我，你要尽一切努力预防它。

我还记得她刚刚患病时的情景。她总是忘记一些事情，还经常说些伤人的话。后者对她来说太不寻常了，我开始怀疑是否出了什么问题。不久，情况变得越来越糟。她指责我父亲想要毒害她，以及一些其他可怕的事情。她越来越频繁地对我父亲说一些非常伤人的话。她的性格完全变了。我很快意识到自己已经失去了母亲，她可能不会再好起来了，而且很有可能会变得更糟。事实的确如此。

几年后，我们不得不把她送到一家护理机构，因为为了照顾她，我父亲已经被拖垮了。她刚入院不久就开始慢慢丧失运动能力，六个月后，她坐上了轮椅，现在，她已经完全失去了自理能力。她没有运动能力，吃饭必须靠别人喂，我无法跟她沟通，因为我根本听不懂她在说什么，也很难与她进行眼神的交流。疾病夺走了她的一切，夺走了我的母亲。因此，我每天都在想：如果运动能减少患阿尔茨海默症60%的患病概率，那么这就是每天坚持锻炼身体最大的理由。对我母亲来说已经太迟了，但对我自己并不是这样。对你也不是。

12

扔掉止痛药，开始运动

根据最近在丹麦和法国的研究，服用止痛药（布洛芬）的年轻男性睾丸激素显著降低。只要连续服用这种止痛药几个星期，睾酮就会降低到70岁的水平。该研究是在31例年龄在18～35岁的男性患者中进行的。他们服用的剂量为600 mg布洛芬，每日2次，共14天。

有一个众所周知的事实是，很多人在因精神和肌肉紧张而产生疼痛时常常会服用含有布洛芬的止痛药。他们头痛或腰痛时，每6小时服用一次，疼痛很快就会有所缓解。这项研究结果表明，这样做非常不可取，尤其是在你并非别无选择的情况下。

坐得太久、躺得太多最容易引发疼痛。如果你上班时整天盯着电脑屏幕，回家之后又躺进了沙发，无疑就是在乞求各种各样的病痛。

缓解和避免痛苦的方法是选择更积极的生活方式，而非止痛药。运动不仅会使你远离药片，还能增加睾丸激素水平。总而言之，止痛药会消除疼痛，却无法帮助你恢复青春活力。只有运动才能帮助你远离疾病和痛苦，保持年轻。你会怎样选择呢？

13

身体需要食物，也需要氧气

也许我本应该早些告诉你这一点，但迟到总比不到好，对吗？下面我所要讲的可能很难接受，但千万别灰心。相反地，请以此为动力，挥洒你的汗水，积极锻炼身体。

人体的供氧能力是体格是否健康的重要指标之一。跑步、游泳以及其他的体力运动都需要大量氧气。它对人体具有很大的影响。午饭之后或下班回家时感到筋疲力尽往往就是氧气摄入量太低造成的。

你的身体需要氧气，这一点显而易见。体内有许多机能都需要将氧气输送到细胞中才能实现。心脏要跳动，肺要从呼吸的空气中吸收氧气并把它输送到血液之中，血液需要含有足够的铁来输送氧气，而你的肌肉细胞需要从血液中吸取氧气。请相信我，你的肌肉细胞会对氧气的摄入量产生巨大影响。如果上述某个机能无法正常工作，你的生活和工作将会受到极大影响，就连陪孩子玩耍这样的事都做不了，常年生活在疾病的困扰之中。

我们这里所谈及的专业术语——最大摄氧量，不难理解，它意味着每千克体重每分钟所能吸收的氧气量。例如你的最大摄氧量为30，体重为70千克，那就意味着你每分钟最多可以摄入2.1升的氧气。那是你的极限。那么，这个数字是高还是低呢？嗯，肯定不太好。如果你的最大摄氧量低于30，那么结束一天的工作时一定会感到非常疲惫。也许当你工作8个小时之后，回到家时已经感到筋疲力尽。

如果将你的身体比作一辆汽车。一旦发动机内缺乏足够的空气与燃料混合，它将无法正常工作。仅仅有燃料是不够的。你的车和你自己一样，不仅需要足够的燃料（食物），还需要足够的氧气。

摄氧量对人类的各项机能至关重要。无论是工作还是居家，你必须有足够的精力来从事各项活动。只有一周进行几次体育锻炼才能提高摄氧量。跑步、骑车或游泳都可以，必须让你的心跳和呼吸加快。这对身体机能的正常运转，以及提高生活品质都至关重要。

我前面将人体比喻成汽车其实并不是非常贴切。因为即使几个月不开，你的车也能正常运转，而你的身体却不同，人体的构造要复杂得多。你的大脑总是想方设法节省能量，它真的很懒。我知道，这听起来非常恼人，但这或许就是进化的结果。

在古代，食物总是短缺，节省能量是一个极好的生存策略。肌肉即使是在休息的时候也会消耗大量的能量。如果你不使用你的肌肉，大脑就会对身体发出指令，让大部分肌肉群萎缩以节省能量。要么使用它，要么失去它。因此，你不可能将身体像汽车一样“停”几个星期或几个月，并期待它等到“冬眠”结束还能像之前一样强壮。

你必须经常使用你的身体和肌肉来保持健康。因此足见体育运动和吃饭、睡觉一样自然和必要。你不能排斥这些基本的生存活动，否则，如果你没有精力过充实的生活或者因此疾病缠身就不能抱怨，这完全是自食其果。

14

注意你身上最强壮的肌肉

心脏无疑是身体中工作最努力的器官，你应该对它多加关注。如果你精心呵护某样东西，通常很容易延长它的寿命。这符合一般规律，但对心脏却不适用。你的心脏每天大约跳动十万次，促使大量的血液在身体中循环。

心脏内强健的肌肉与身体其他部位的肌肉完全不同。但它也像其他部位的肌肉一样，需要锻炼来保持健康。因此，你不应该让它太过清闲。恰恰相反，心脏需要每周做几次大负荷的锻炼。只有那种让你呼吸加重、大量出汗的运动才能让它变得更加强壮。

迷走神经负责对心律进行调节。如果没有迷走神经的调节，心脏每分钟将跳动大约100次。当我们休息时，迷走神经作为心脏的制动装置，每分钟只让心脏平均跳动60～80次。吸气时心率增加，呼气时下降。吸气时脉搏在75次/每分钟，而呼气时减慢到65次/每分钟。这叫作心率变异性（HRV），它是迷走神经的功能之一。如果心率变异性降低，迷走神经对心脏的信号就会随之减弱，心率不能很好地跟随呼吸进行调节。反之，吸气和呼气之间的HRV越大，迷走神经的功能就越强。

科学研究表明，正确的呼吸节奏能够有效地促进迷走神经的功能。大多数人每分钟呼吸5～6次。研究还表明，即使呼吸速率相同（每分钟呼吸6次），吸气和呼气各5秒钟的呼吸节奏对迷走神经的影响比吸气3秒钟、呼气7秒钟的节奏更好。

试着做以下的动作：以舒服的姿势躺下，鼻腔保持呼吸。你可以将一只手放于胸部，另一只手放于腹部，感受你的腹部和胸部吸气时抬起的幅度。计算你的呼吸频率，试着保持吸气5秒钟，呼气5秒或6秒钟。你可以设定一个计时器来帮助你计时。建议你每天坚持10分钟这样的呼吸练习。当你感到压力过大或者准备上床睡觉的时候可以试着这样做。如果你太忙了，实在没有时间进行10分钟的呼吸练习，可以减少到每天3分钟。

大多数人，尤其是上了一些岁数的人，开始注意他们的全身健康时，总是特别关注心脏。人们通常在四五十岁的时候会这样，因为这个年龄会让你感到不再年轻，身体开始走下坡路。突然之间，你会特别关注胆固醇、血压和甘油三酯在你的血液中的含量。心率变异性是另一个你需要关注的指标，因为它能够让你更好地了解心脏的健康状况。

心率变异性较强意味着当你改变运动状态时，心率能够快速进行调节。对你的心脏来说，能够快速“换挡”（调节心率）非常重要，比如从在沙发上躺着到站起来走路。

因此，心率变异性是衡量心血管系统效率和性能的一个重要的指标。如果它较高，说明你心脏的运动性能就像跑车一样卓越；如果较低，那你的身体就像一辆老式的大众甲壳虫一样。有研究表明，心率变异性高可以延长寿命，降低患心脏病、糖尿病和中风的风险。

心率变异性还能衡量你抗压能力的强弱。心率变异性越高，抗压能力越强，反之越弱。

随着年龄的增长，心率变异性会降低。这是很自然的，时间对我们所有人都有影响。但值得注意的是心率变异性降低可能是心脏病的前兆。一颗健康的心脏一直在调节它的跳动节奏。无论你在做什么，它都会适应。但是不健康的心脏就会或多或少地失去心率调节的能力。不管你是处于放松状态，还是感到紧张时，抑或是在跑步时，它都不能很好地适应你的状态。

同样有趣的是我们可以利用心率变异性来掌握训练节奏。经过高强度的锻炼，你的心率会降低。这是正常的。当心率恢复正常时，就意味着你已经准备好可以重新投入锻炼了。通常并不容易知道何时应该再去健身房，你的心率变异指数可以回答这个问题。当你锻炼身体的时候，你“分解”了你的身体，休息时，你的身体又重新“组合”起来，变得更强壮了一点。这就是你变得更强壮、更有耐力的原因，这是你的身体适应挑战的结果。

很多人都对此存在一种误解，他们认为训练得越多越好，他们每天去健身房，有时甚至一天去两次。其实不然，这样反而容易让你因为过度训练而受伤。休息和锻炼一样重要，那是你的身体在为下一次锻炼做准备，你的心率变异性可以告诉你什么时候继续锻炼才是安全的。

15

你还在通过数羊来帮助睡眠吗

运动完之后正好可以好好地休息，睡眠是最好的休息方式。睡眠研究中心称：一周至少锻炼150分钟，可以显著减少失眠，提高人体敏锐度。研究表明，运动可以使患有失眠症的成年人更快入睡，睡眠时间更长。经过4～24周的锻炼，他们的睡眠质量能够得到明显改善。

美国国家睡眠中心提倡人们将锻炼作为一种高效的睡眠疗法。只需要进行10分钟如散步这样的有氧运动就可以显著改善睡眠质量。定期运动可以降低患上睡眠障碍（如睡眠呼吸暂停和不宁腿综合征）的风险。锻炼可以使你睡得更好，因为它能减轻压力，缓解疲劳。如果你能在户外锻炼身体，让你的身体吸收自然阳光，那就更好了。

今天的心理学得出结论：运动能改善睡眠质量，但想要见效需要时间来保障。运动对健康的益处已经得到了理论研究的支持。它可以改善情绪，减缓压力，让作息变得更有规律，白天保持精力充沛，夜间更容易入睡。

经常锻炼的人从许多方面都能感受到运动带来的益处。不仅睡眠的时间更长，睡眠质量也得到了改善。因为锻炼刺激了更长时间的慢波睡眠，这是睡眠过程中睡得最深、恢复性最好的阶段。

锻炼和睡眠是相辅相成的。晚上睡不好也会影响你第二天的锻炼效果。如果你曾经锻炼过身体的话，对这一点一定有所体会。但锻炼不会立即改善你的睡眠。这需要时间，可能需要几周或几个月的定期训练才能使你睡得更好。

西北大学费因伯格医学院的研究得出以下的结论：

- 某一种单独的锻炼对睡眠不会产生直接影响。
- 在为期 16 周的研究期间，参加运动的被调查者的睡眠没有明显的改善。16 周结束时，他们的睡眠质量和长度都有了显著改善。
- 虽然运动对睡眠没有直接的影响，但分析表明：睡眠质量对锻炼有着直接的影响。

锻炼并不是解决睡眠问题的捷径，但是如果你坚持锻炼16周以上，你的睡眠问题会因此得到改善。好运总是降临在那些有着毅力，并且认真对待生活的人身上。改善睡眠问题如同减肥一样，改变不会在一夜之间发生。但是如果你坚持下去，你迟早会得到你想要的效果。

16

关于运动，TED上这样说

你可能也跟我一样喜欢看TED上的演讲。如果你不熟悉这个有许多来自不同领域的专家演讲的视频网站，建议你找时间看看。上面的内容既有教育性又有娱乐性，遵循着特德的座右铭：思想应该得到传播。

我曾经被上面的一个视频吸引。也许是因为我比一般人更关心健康问题和体育锻炼。不过，我相信你也会发现这很有意思，因为如果它是关于你生活的方方面面，那么必将对你的人生产生影响。

人们都渴望长寿。我们想知道如何实现这一目标。什么是最重要的，是锻炼和运动吗，是睡觉吗，还是饮食呢，或者是与家人和朋友的关系？

我上面提到的TED上的那段视频被称为“最准确地预测你的寿命”（The Strongest Predictor of How Long You'll Live）。视频中有十个预测因素，其中空气质量、血压情况、体重、运动情况和心脏健康排在最后。等一下，运动情况和体重不在名单前列？这不是跟我在书中所讲的内容矛盾了吗？别急，请先让我说完。接下来的三个是流感、戒酒、戒烟。毫不奇怪，每年都有很多人死于流感，酒精和烟草也是对健康相当有害的。那么，长寿的两大预测因素是什么呢？事实证明，亲密的关系排在第二位。排在首位的是社交活动。

社交活动就是你每天与人的互动的程度。你每天会跟多少人交谈？这里不仅包括跟你熟悉的人，也包括那些不熟悉的人：邮递员、邻居、咖啡店的店员、公交车上遇到的人等。

这是否意味着这本书里讲到的内容与这项研究相矛盾呢？不。我在书中所提到的保持身体健康的第一个论点是什么呢？这本书的标题又是什么呢？社会融合基于一种积极的生活方式，不是吗？

如果你想多跟人交谈，就必须四处走动。人们不会出现在你家门口跟你聊天，只有当你四处走动时才会遇到他们。这就是我一直在告诉你的：懒惰会害死你，你需要动一动，走出去锻炼身体，在路上和别人交谈。不要害羞，如果你跟陌生人开始交谈，不仅对你自己的健康有好处，也会给与你交谈的人带来益处。这是一个很好的行为，你一定会从中得到回报。

本章内容概要

- 定期锻炼可以提高睡眠质量。
- 在工作日锻炼的人更快乐、压力更小、更有效率。
- 下班后锻炼有助于你忘掉工作，头脑清醒。
- 脑力劳动后的运动可以防止暴饮暴食。
- 缺乏时间、疲劳和不方便是养成良好锻炼习惯的最大障碍。
- 锻炼能改善饮食习惯。
- 早晨锻炼对减少压力和改善睡眠都非常有效。

给你的建议

- 锻炼身体就像刷牙一样自然，所以也不要中断运动。每天做点什么，如走路，骑车，跑步，玩耍……
- 饭后散步，工作后运动，别急着回家躺在沙发里。
- 确保膳食均衡，多吃全麦、水果、浆果、蔬菜、海产品和坚果。
- 再次向你强调，每顿饭都要吃蔬菜。
- 吃饭时不要三心二意，不要一边吃饭一边看电视、使用平板电脑或打电话，确保你接收到了身体向你发出的吃饱了的信号。
- 如果你吃得太多，吃什么都是不健康的。
- 口渴的时候喝水，可以偶尔喝饮料。不要在两餐之间吃太多东西。
- 苏打汽水比含糖的饮料好，但也别经常喝。

PART 8

内心的声音并不总是可靠

01

你内心的声音值得信赖吗

你的意志和内心的声音是如同钻石般坚硬，还是像一团柔软的棉花糖呢？你真的信任它吗？它是你最真实的想法吗？它是否很容易受到蛊惑呢？它是一个声音，还是两个相互矛盾的声音呢？我们是否应该相信自己无所不能呢？

当我们需要做出一个决定时，往往要经过一番内心的辩论和挣扎。大脑会根据你看到的、听到的、闻到的、感觉到的信息做出判断。但大脑也会根据你过去的经历和经验做出权衡和推测，而这些过去的经历和经验往往会对决策产生很大的影响。

你可以将此称为经验、直觉或智慧，但不幸的是你内心的声音为你讲述的故事可能并不真实，大部分是虚构的，或者是事实和虚构交织在一起的。你真的不能太过信任它。对此你会做何感想呢？不相信自己内心的声音会让你感到困惑吗？难道坚信真实的自我有什么不对吗？很抱歉地告诉你，我认为这的确是错误的。人们常常妄想，因此我们总是做出错误的决定。

你的脑子里总是有两种声音争论不休。一种是根据你所看到、听到、感觉到和闻到的而得出的结论，另一种是从你的过往经验中所得出的结论。你过去的经历和对未来的预测一样不准确，都不能相信。然而，多数人不以为然，因为有人对他们说要相信自己，只要你仔细深入地审视自己，你就会发现真相。真的是这样吗？不！事实并非如此。但这可能是件好事。

你内心的声音告诉你的故事会对你的整个身体产生影响，加强你对某事的感觉。你讨厌跑步吗？慢跑也会让你感觉很糟糕吗？为什么会这样？跑步对于人类来说是很自然的事，为什么你这么讨厌它呢？可能是曾经痛苦的经历加上你在电视上或者从某处听说的一些事，使得一个内心的声音向你讲述了一个强有力的故事。这个故事对你影响深远，以至于你除非命悬一线，否则绝不轻易跑步。跑步只是一个例子，对于其他的运动也一样。

我记得有一年的夏天，我下决心骑自行车进行锻炼。由于我在前一年夏天脖子受了伤，所以我认为骑自行车对我而言是最好的运动。几周后，我的脖子和手臂又出现了伤痛，我以为自己的颈椎又一次受伤了。看过医生之后，我发现自己的颈椎没问题，但肌肉确有拉伤。十五年后的今天，我仍然讨厌骑自行车。我内心的声音为我讲述着一个如此强大的故事，让我尽可能避免骑自行车。

“认知图式”是你的大脑工作方式的一个例证。正如你所看到的，有许多因素会影响你的思维。你的行为以及与周围环境的互动是一回事，但是你对事物的感觉以及你收到的身体信号也很重要。如前所述，你的思维也是如此。

你的认知图式具有强大的力量，但它也有好坏两方面的影响。

你应该对你内心的声音进行谨慎的判断，而不是只听那些引导你远离运动的故事。相反，你应该让它为你讲述更多对身体有积极影响的故事。

与其去听那些告诉你跑步很危险的故事，不如让它告诉你跑步会让你感到自由并且让你变得更好的故事。很快，你内心讲述的故事就会有所改变。它会告诉你跑步是一件好事，让你感觉更有活力。

也许这有点难以理解，不要担心，重要的是请记住：可能有些事会影响你对跑步、跳跃等运动的想法和感受，但并不是所有的事情都是真的。如果你愿意，你可以改变它。

我记得不久前我的一位好朋友建议我重新开始柔道训练。我很久之前进行过柔道训练，五年前我停掉了训练。我不记得确切的原因，也许是因为工作，但这并不重要，重要的是，当他提出这个建议时我的感受。我当时的感觉是虽然不知道确切的原因，但的确感觉很差，觉得自己真的不适合练柔道。

接下来发生的事情是我开始给自己讲述一些消极的故事。让我吃惊的是，这让我觉得自己已经跟柔道无缘了，那都是过去的事了。

很快，我意识到了为什么我会这样做：因为我很久没有训练过了，我知道重新恢复训练需要时间，而且刚开始时有点疼。我的大脑和身体需要一段时间才能适应它。我不得不离开我的舒适区，准备挨揍。这感觉让我自己觉得像个业余爱好者。这就是我对自己的感受。这让我不愿接受这个建议。

幸运的是，我的朋友非常好，他设法说服我重新开始训练，而我完全没有后悔。训练很有趣，我真的很需要它。我和多年前的朋友重聚，这为我带来了许多欢乐。

02

内心的声音很少是真实而坦诚的

当你下定决心开始锻炼的时候，设定一个目标，这很重要。或许你想减肥，为自己制订了卧推100千克或20分钟跑5千米的训练计划。但你知道如何才能达到你的锻炼目标吗？这是可以实现的吗？你的计划是否制订得过高，且没有足够的手段保证达到目标？

自然界中哪些基因是通过世代传承的呢？比如说你生活在几千年前，靠着终日打猎和收集食物为生。如果你很久没喝过水，非常口渴，你发现在你前面几百米的地方有一条河，你所要做的就是穿越没有任何植被的开放区域。问题是有一群狮子，它们可能会发现你，而且它们可能很饿。你该怎么做呢？

你内在的声音可能会告诉你穿过开阔地，去喝水。你很口渴，需要水。你内心的声音大声地为你讲述了一个乐观的故事：你比狮子聪明，赶快去喝水。于是，你也许……喝到了水。但是，如果你内在声音讲述了另一个不太乐观的故事呢？

也许你听说过有人在类似的情况下没有这样做，这影响了你的故事。记住，不仅是你个人的经历会影响你内心的声音，你听过的故事也会产生影响。

你内在的声音告诉你：留下来，别过去。

自然选择总会让我们做出正确的决定，这样你才能生存下去并将你的基因传递给后代。然而，你又如何在经验和经历之间做出选择呢？它们之中总有一个在撒谎。这对人类有什么好处？怎样才能避免被愚弄呢？

你可以坚持一些原则。其中一个原则就是为训练确定一个可以衡量的而且能够实现的目标。如果你确定你的目标是“我想跑得更快”，那还不够，因为它不能测量。如果你只是依赖于自己的记忆，你内心的声音会告诉你现在已经比四周前跑得快多了，你已经达到了目标。你就会被脑子里的声音所愚弄。

那个声音不会在乎你的呼吸是否沉重，你是不是太累了。你跑完5千米是花了20分钟还是30分钟有什么关系吗？相反，你需要一个可以衡量的目标。你内心的声音争不过计时器。因此，你制定的目标不应该是“跑得快一点”，而是“20分钟内跑完5千米”。你还必须考虑这个目标是否能现实。你能跑得那么快吗？如果是，你需要多久才能实现这个目标？另外，你的目标必须具有挑战性，否则，你会失去兴趣。但也不应过高，避免因为达不到一个不切实际的目标，而感到失望和不必要的压力。

你不可能一天就达到目标，所以确保你既有大目标也有小目标。小目标可能是一两个星期就可以实现的，而大目标可能需要一年到一年半的时间才能够实现。将大目标分解为一些小目标，并且每当自己成功地实现了小目标时都要将它当成一次巨大的胜利。

大目标是建立在小目标之上的。就像你要建造的房子（大目标）里的一块砖（小目标）。但是记住，你必须将大目标记录下来，并且经常拿出来看看，提醒自己，这非常重要。同时，你还应该在成功的道路上记录下你的每一个小小的成就。

你不必独自去实现你的目标。将它们与家人、朋友或私人教练一起分享，你会更有动力。但重要的是他们必须是你信任和尊重的，而且你不愿意让他们失望。让他（她）分享你的每一个想法、成就和失望。对自己和你所信任的人要诚实，因为如果你不诚实，最后被骗的人只有你自己。

接下来是对每一个训练计划不断进行评估，并做出调整，否则你可能由于使用了错误的方法，进行了大量错误的工作，最后得到的却是失败的结果。

如果你对目标以及如何实现这些目标缺乏经验，你可能只想考虑一个目标。不要以为你能同时实现你所梦想的一切，这是不现实的，你最终将没有动力去实现其中任何一个。选择一个目标并确保你能够成功，然后再接着实施下一个。第一个目标应该是对你来说最重要的。一次实现一个目标，让周围的人给你支持，并鼓励你坚持下去。

你可能每天过着有规律的生活，不用去想，只要去做就行了，像一架自动驾驶仪一样。慢慢地，你的日常活动变成了一种习惯，就像你平时刷牙一样，你会习惯性地在闲暇时间里坚持锻炼，它会成为你生活的一部分，用不着特意安排。只有遇到一些特殊情况，你的日常锻炼计划才会被打乱。

养成日常锻炼的习惯，可以帮助你安排出最利于坚持锻炼的固定时间，它将会深入你的头脑和身体之中。

举一个例子：卡斯珀从事IT（互联网技术）工作，大部分的工作时间都坐在电脑前。他的工作没有体力劳动，纯粹是脑力活动。他是用大脑在举重，而不是肌肉。在很长一段时间内他都感到疲倦。他所有的精力都放在了工作之中，空闲时间里，除了躺在沙发上，他不想做其他任何事情。

由于缺乏运动，尽管他每天晚上都很早睡觉，但早上醒来时还是感到很乏力。卡斯珀是个聪明人，他意识到不能再这样下去了，必须做出调整。但他不知道该怎么做，因为他一直以为只要休息好了问题就可以解决。这是本能告诉他的。

你如果累了，多休息不就行了吗？但这是错误的。他的直觉是错误的，因为这不是卡斯珀所迫切需要的。他完全没有任何动力去健身房锻炼，他之前尝试过，但被弄得筋疲力尽。他上一次开始锻炼（跑步）时，腰和腿就感觉很痛。这对他没任何好处。

卡斯珀跟朋友们商量，从他们那里得到了一些很好的建议。他做的第一件事就是不再开车而是骑自行车去上班。他的上下班路程只有三千米，完全可以骑自行车。接下来他做的是用爬楼梯代替坐电梯。另外，他每天站起来两到三次，每次半小时。只要一步一步地来，坚持锻炼不难做到。

卡斯珀的第一个目标是把这些步骤变成习惯，这样它们就成了他每天都在做的事情。第一周，他骑自行车上下班一天，爬楼梯一次，每天站起来一次。在接下来的五周里，他多骑了一天自行车，多爬了一次楼梯，每天多站起来一次。五周后，卡斯珀可以非常习惯地做这些事情了。

卡斯珀发现他非但没有因此感到更累，恰恰相反，他觉得精力充沛、积极进取，在工作中表现得更加出色。五周后，卡斯珀意识到他早期的直觉是错误的，正是懒惰的生活方式耗尽了他的精力。他感到疲劳是因为没有使用他的身体而非缺乏休息。

正如我们在本书中所指出的："运动是最好的护肤品。"运动可以预防疾病，让你感觉更好，给你更多的自信心，让你延年益寿。它还能帮助你更好地享受晚年时光，增加你的幸福感和认知能力。它可以帮助你提高抗压能力，增加身体的活力。简而言之，它可以让你成为一个更好、更快乐的自己。

我的另一个客户米迦勒来向我寻求帮助。他在工作和生活中受挫，挫折感常常让他表现出愤怒、悲伤的情绪，也让他筋疲力尽。这伤害了他的家庭。每天下班后，他都筋疲力尽，唯一想做的事就是待在沙发上看电视。他想要有所改变，却无从下手。他试了好几次，但都有始无终。没过多久他就又回到沙发上看电视去了。

米迦勒办了一张健身房的会员卡，想每周去锻炼3次。就像他年轻时那样。不幸的是，他没有成功。他的第一个目标过于雄心勃勃，很快就失去了动力。他向我求助，我建议他的第一个目标是每天上班前陪儿子去上学。这是一个简单的目标，但它很有用。他花了更多的时间和家人在一起，感觉好多了。每天散步也给他带来更多的能量。

首先，米迦勒的问题是，当他试图改变自己的生活方式时，为自己制定了太高的目标。这是一个常见的错误，你需要从小目标做起。你想要达到这样的目标并没有什么错，但你需要将大目标划分为一个个小目标，然后逐一去实现它们。第一个目标就应该像米迦勒的那样，从每天步行15分钟开始。只要你能坚持，实现这样一个目标就可以帮助你延年益寿。

没时间或者不方便去健身房是一个很糟糕的借口。你只需要在客厅里每天坚持10分钟的锻炼，就会对你保持体重大有好处。你可以下蹲、靠墙俯卧撑、跳上跳下，或者做弓步，等等。这并不复杂。完全不需要去健身房或使用任何设备，你也会出汗，让自己感觉很好，而且最重要的是你不需要每次都完成所有的运动。

不要让每天的锻炼在短时间内完成，这很重要。另外，也不要一边工作一边锻炼。例如，当你阅读的时候，不要骑自行车；当你在跑步机上跑步时，不要回邮件或者给客户打电话。这只会分散你的注意力，让锻炼效果和工作效率都受到影响。

朱莉是一个工人，她每周大约工作50个小时。她已婚，并且有两个孩子。她想参加马拉松比赛。当她来找我时，告诉我她的目标是进行适当且足够的训练为明年的比赛做准备。她一直很喜欢运动，但马拉松是一个巨大的目标，尤其是她每周有这么多的工作时间，时间排得满满的。

朱莉觉得自己每天都得训练才能达到目标。她感到她的压力主要来自自己对家庭、工作和健身方面的期望值。如果她没有做好其中一件她认为自己应该做好的事，她就会觉得自己是个失败者。而她认为自己在这三个方面的表现都不够好，对自己失去了信心。

那么，要怎样解决朱莉的问题呢？答案是调整她的目标。她给自己设置的目标太多了。她应该将跑马拉松的目标分解成更小、更容易实现的目标，并且更加注重享受这一过程，而不是仅仅关注最后的结果。朱莉意识到她必须减少训练量。

由于得不到足够的休息，她的身体无法承受很大的运动量，这些运动量对她来说太大了。通过少训练、增加休息时间，她获得了更好的效果。她可以花更多的时间和家人在一起。由于更注重享受运动的过程，她也更喜欢锻炼了。

如果你想成功，并且对家庭、工作和训练感觉更好，你必须想办法减轻自己的压力，别对自己太苛刻，也别总是那么严肃，将运动当成更有趣的事情，试着回忆你小时候运动和思考的方式，那会让你感觉生活更加轻松有趣。如果你觉得很难恢复过来，记住你的大脑虽然很复杂，但适应能力也很强。就像锻炼肌肉一样，你也可以锻炼你的大脑。你可以让它将很多事情当作游戏，而不是把所有的事情都看得那么重要。运动是为了让我们身心愉悦，而不是为了满足虚荣心。别总盯着镜子里的自己，然后忙着自拍，去做一些让自己汗流浃背的事情，然后开心地大笑吧！

03

你现在肯定已经知道了懒惰会毁掉你的健康，但是……

也许硬要你相信书中读到的一切显得有些蛮横无理。你也许对这些仍然持着怀疑态度，这是件好事，你应该这样。社会上充斥着各种各样的错误的信息，但懒惰对人们的健康有害这个观点已经得到了许多健康研究结果以及许多专家的支持。

美国密苏里堪萨斯大学的研究人员做了一些新的尝试。他们采取了不同的方法来了解懒惰及其对人体的影响：他们让一组经常锻炼的人停止运动，然后观察结果。

一开始，研究人员让他们将每天步行的数量减半，以观察懒惰是否会让身体对血糖的控制减弱。为什么要着重研究血糖呢？因为血糖指标是糖尿病和心脏病的关键诱因。该组的人被安装了血糖测量装置，持续对他们的血糖指标进行检查。他们得到的指示是尽量少动，但保持正常饮食。在实验开始前，研究人员连续三天对参与者的血糖进行检查。结果显示他们每餐后血糖指标都非常正常，这意味着他们是对胰岛素（你应该还记得，胰岛素是调节血糖的激素）有理想敏感性的健康个体。这个实验的结果表明，被调查者在那些不活动的日子里，每餐后血糖水平会升高，而且比正常运动的时候高出25%。在他们缺乏运动的时间里，他们的血糖水平呈现出失控的趋势。该实验表明：懒惰让胰岛素失去效用，让人遭遇严重的健康问题。

你一定知道酒精对你的大脑有所伤害。但是你知道懒惰也一样吗？一项针对中年人的研究发现懒惰会让你的脑容量减小。这很糟糕，你一定要早做防范。

全世界的科学家都认为，你坐的时间越长，你的生命就越短、越不健康。坐着会严重破坏你的心血管系统和新陈代谢，增加患Ⅱ型糖尿病、失眠、关节炎、癌症以及你能想到的所有疾病的风险，最终，导致过早死亡。

也许你会想："这跟我没关系。我是一名运动员，每周锻炼好几次。"很抱歉，你错了。每周锻炼两三次并不能弥补坐得太多造成的伤害。白天的间歇运动对你的健康至关重要，甚至比常规的锻炼更重要。

为了保持健康，你平常需要经常运动，而且最重要的是要保持心理健康。运动可以帮助你的身体得到足够的氧气，加速血液循环，维持良好的葡萄糖代谢。当你坐着时，你的腿部肌肉没有任何活动。这些肌肉纤维不收缩，它们就不需要消耗很多的能量（葡萄糖）。相反，过剩的葡萄糖会堆积在你的血液中，你会发胖，容易患上糖尿病和其他疾病。

根据美国预防医学杂志的观点，如果感觉郁闷，很有可能是久坐引起的。每天坐七个多小时的中年女性患抑郁症的风险比正常情况高出47%，而久坐再加上完全不运动的女性患抑郁症的风险比正常情况高出近一倍。

心理学界对于在屏幕前大量消耗时间的危害有如下观点：

久坐将对人们的行为目标产生很大的影响

久坐的人可能只想盯着电子屏幕，而不愿与他人进行情感联络。他们更愿意观看那些不用动脑的电视节目，而不是与现实世界进行脑力交流。或者他们可能在工作邮件、文件、社交媒体和互联网之间不断地切换，很难专注于某一项工作。

花太多的时间在电脑前，可能会导致失眠和抑郁

在英国进行的一项研究发现，在电脑前长时间工作的人早上更容易感到沮丧、焦虑和疲倦，在电子屏幕前花费大量时间的孩子们很可能产生心理健康问题，表现出自卑感和较低的自我认同和幸福感。

本章内容概要

- 认知图式用于检查你的思想、感觉、身体意识和你的行为如何相互作用的模型。
- 你可以影响认知图式的一个方面，并以此改变其他的方面。例如，多运动可能会对你的感受和思维方式产生积极的影响。
- 确定一个可以现实的运动目标和，制订时间计划，并朝着它努力，在这个过程中所取得的进步会给你带来更多的动力。
- 坚持你的目标，你会养成新的、健康的生活习惯。

给你的建议

- 再次建议你使用“每日运动”App。这款应用程序是一个非常好的工具，你可以从每天做一次运动开始。这很容易做到，然后再一点一点增加运动量，直到在工作日每小时做一次运动。
- 当你试图实现一个目标时，将大目标分解成更小的目标非常重要。你可能需要达到十个小目标，才能完成你的大目标。在这个过程中，你可能因为实现了十次小目标而感到非常高兴，这比实现一次大目标，更容易激励你自己。
- 用你的日历来帮助你做运动计划。这是一个很好的工具，它可以帮助你规划你的进度和具体的步骤。我们的大脑真的像一个系统，当你把任务变得可视化的时候，你就更容易完成。

- 如果没有事先做好计划，你失败的概率就会很高。坚持运动的关键在于有规律地进行。将新的健康规律纳入日常生活的最好方法就是制定出一套完整的运动方案，再坚持一段时间。如果不这样做，你很容易就会回到之前不健康的生活规律之中。在你的日历中标注出连续几周的每周运动计划，并将它像你其他必须要完成的工作一样对待。

举个例子：

第一周

第一天：下午五点散步。

第二天：走楼梯代替坐电梯。

第三天：下午五点散步。

第四天：工作时休息三分钟，散步五分钟。

第五天：放音乐，跳舞十到十五分钟。（今天是星期五！）

第六天：走一段很长的路（比如一个小时）。

第七天：尝试新的运动：骑车、游泳等。

第二周

第一天：下午五点散步。

第二天：走楼梯，并试着跑上去。

第三天：下午五点快速跑，稍稍增加一些运动量。

第四天：工作时休息三次，做一些运动。

第五天：放音乐，跳舞。

第六天：步行或跑步一小时。

第七天：尝试一些新的让你出汗的运动。

现在你明白了吧？就像这样将所有的运动都在你的日历上标注出来。（我建议你在你的智能手机上的具有提示功能的App中完成这项工作。如果你不这样做，你很可能在一开始就忘了你的计划内容。）完成运动之后，记得像其他工作一样回过头来核查计划完成情况。

- 如果你能找到一个朋友或同事监督你的计划完成情况，更容易帮助你实现目标！这个人可以帮助你排除脑海中让你停下来、回到你以前的生活方式的声音。
- 改变习惯需要时间，所以要有耐心。通常来说，平均需要六十六天来建立一种新的生活习惯，有时这个过程还会更长。坚持每天的任务和目标，耐心等待。这会发生的，我的朋友。总有一天你会成功地养成一个新的、健康的生活习惯。
- 记住，改变一个习惯或养成新的习惯并不是全部。要现实一些，不要过于雄心勃勃。一步一步来，不要试图同时改变一切。

尾声

崭新的世界

对于你自己的身体，你必须明白它是独一无二的，没有谁会跟你一模一样，你的身体状况直接反映了你的锻炼情况。在我看来，这是大多数健身中心面临的问题之一。他们总是喜欢将人们一视同仁。

很多健身中心都很善于想出吸引人的名词和概念，但最终还是“换汤不换药”。他们的训练方法千篇一律，看似适合所有的人，其实不然。这就是为什么你需要具备专业的知识和技能。认真阅读本书，并使用“每日运动”App，可以帮助你在锻炼的过程中避免对身体的损伤。

由于我们今天的生活方式不需要太多的体力运动，因此功能训练很有必要。我们平常过多地依赖汽车、电梯、送货服务、遥控器等，不再需要去跋山涉水或步行几千米获取食物或传递信息。这对人类来说是一件好事，但对我们的健康却没有任何好处。严重缺乏锻炼会极大地降低生活质量，长此以往，甚至会将你谋杀。

肥胖和缺乏运动是当今人类面临的巨大威胁之一（当然，除了全球变暖），而且很难依靠个人的力量加以解决，因为这是我们所有人都必须面对和解决的问题。这不是少数人能为我们其他人做的，比如消除核威胁或研制一种预防危险疾病的疫苗，我们都必须面对它并采取措施。解决这个问题的唯一方法是大家齐心协力。所幸，想要改变并不困难，将本书中学到的东西运用到日常生活中将成为一个良好的开端。

如果将这个过程视作一次探险，你需要寻求的是要采取什么措施才能保持健康和强壮的体魄，过一种充实的生活，不会因为烦恼而心烦意乱、辗转难眠，不会常常感到心力交瘁。你一定会成为一名卓越的探险家。

我知道本书有很多信息对于你来说可能有些艰涩难懂。但请不要灰心，从头开始做这些事并不需要事先精通书中罗列的一切，你只需要根据自己的情况做出一些改变就好，这些小小的改变能一步步引导你回归健康之路。

我们也清楚，在现代生活的绝大多数领域，机器已经承担了所有的工作，人类已不再使用大自然赋予我们的身体。尽管我们懒惰的头脑可能认为它是天堂，但那却是地狱。你一定不会想去那样的地方吧？遵循本书提供的简单的步骤，你完全可以创造一个更加美好的世界：

- 不要坐得太久。站起来走动走动，挥动手臂。在办公室里多做不同的运动。运动是最好的护肤品，确保你每天都在使用。
- 每天都进行一些让自己出汗和加重呼吸的运动。运动的形式并不重要，重要的是要去做。
- 不要总是重复同样的动作，走、跑、骑自行车、游泳、登山、举起重物、用一条腿站立、跳跃等。尽可能让你的身体按照自然的方式运动。

- 食物是为我们提供能量的必需品，而不是获得快乐的源泉。不要因为无聊或感到沮丧而吃东西。
- 反复阅读本书，直到你为自己找到最适合的锻炼方式为止。

最后，祝你从中得到快乐！毕竟这才是生活。

特别支持

Dennis Regenborg

丹麦 AD-Consult-Dine socialfaglige konsulenter 咨询公司创始人，致力于为组织和个人提供身体功能恢复指导和训练。

Ulrike Pielmeier

博士，奥尔堡大学副教授，致力于通过个性化营养支持来保持肌肉力量和功能。

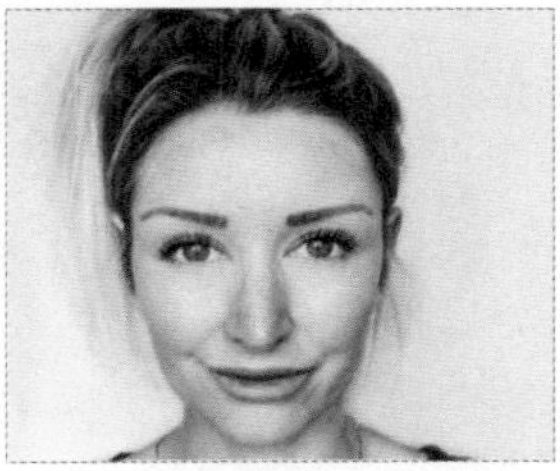

Monica Damli Arntzen

挪威体育科学学院瑜伽教练，致力于激励和帮助人们过上更健康的生活方式。

Thomas Valø

伦敦贝德福德郡大学的骨科医生，服务于挪威多个足球俱乐部。

Uwe Kersting

科隆大学体育学博士，丹麦奥尔堡大学体育科学教授，致力于运动损伤的恢复。

Bremseth

运动营养生理学和运动生理学私人教练。

Lin Olderrøien

哲学博士，挪威科技大学研究员，心理治疗师和体能训练师。

Tommi Paavola

芬兰于韦斯屈莱大学体育科学硕士，体育发展教练。Discover Movement公司创始人，同时也是Movement Map联合创始人。

Allan Serup

丹麦 AD - Consult - Dine socialfaglige konsulenter 咨询公司联合创始人。

Eva Nossum

挪威 HINT and NTNU 大学教师，致力于研究和帮助特殊孩子处理他们的行为问题。

Lasse Lassen

丹麦奥尔堡大学博士，Movement-Map 联合创始人，从事健身行业超过 15 年。